단어에 숨은 역사

명재림 · 김선우
신지영 · 윤관집 · 장재윤

머리말

'역사'라는 단어를 들으면 어떤 생각이 떠오르나요? 혹시 이런 느낌이 들지는 않나요? 학교에서 배우는 암기과목? 고리타분한 옛이야기?

역사는 우리 조상들이 살아온 이야기이고, 지금도 삶 곳곳에 숨어서 우리의 발걸음 하나하나에 영향을 주는 옛사람들의 숨결이기도 합니다. 아는 사람만 알고 모르는 사람은 모르는, 알고 보면 흥미진진하고 살아가는 데 도움이 되기도 하는 그런 이야기.

우리 삶에는 알게 모르게 역사가 녹아들어 있어요. 우리의 문화, 가치관, 사고방식은 이 땅에서 살아간 조상들의 삶이 쌓인 결과이고, 그것은 우리 삶의 현재이자 미래입니다. 뿌리 깊은 나무가 바람에 흔들리지 않듯, 자기 생각과 행동이 어디에서 왔는가를 되짚어볼 줄 아는 사람은 인생을 튼튼하게 살아갈 수 있어요.

우리가 가장 흔하게 쓰고 영향을 받으면서도 그 역사적 뿌리를 좀처럼 생각해보지 않는 것에는 무엇이 있을까요? 그건 바로 말, 우리가 쓰는 '단어'들이에요. 현재 우리가 쓰는 단어에는 저마다 어원이 있습니다. 그리고 그 어원은 대부분 역사적 사실과 연관이 있지요.

어떻게 하면 우리 삶에 숨은 역사를 재미있게 알려줄 수 있을까를 고민하면서 다섯 선생님이 머리를 맞대고 책을 만들었어요. 사람들이 무심코 사용하는 단어들의 어원과 그에 얽힌 역사적 이야기를 재미있게 풀어봤습니다.

유래에 따라 인물, 음식, 공간, 시대와 사건, 교류 크게 5가지 주제로 나누어 단어에 숨은 역사를 소개했어요. 책의 이야기를 읽다 보면 자기도 모르게 역사 사건의 원인과 전개 과정, 결과를 이해할 수 있게 될 것이에요.

벌써 흥미진진해지지 않나요?

이 책을 자기 전에 잠자리에서 혹은 화장실에서 스마트폰 대신 조금씩 읽어보세요. 역사가 생각보다 재미있다고 생각하게 될 것입니다. 이 말을 왜 이렇게 쓰게 되었는지를 알아가면서 재미를 느낀다면, 여러분들은 어느새 역사를 좋아하고 즐길 준비가 된 것입니다.

자 이제 그럼 페이지를 넘겨볼까요?

목차

음식
굴비 · 윤관집 8
꿩 대신 닭 · 장재윤 14
부대찌개와 밀면 · 윤관집 20
숙주나물 · 윤관집 26

사람
고약해 · 명재림 34
땡전 · 신지영 40
샌님 · 신지영 46
영감과 마누라 · 윤관집 52
자네 · 김선우 58
흥청망청 · 신지영 64

공간
막장 · 장재윤 72
안성맞춤 · 명재림 78
어영부영 · 명재림 84
우골탑 · 김선우 90
함흥차사 · 장재윤 96

시대와 사건

개판 5분전 · 명재림 ·············· 104
보릿고개 · 김선우 ·············· 110
사바사바 · 장재윤 ·············· 116
육시랄과 사약 · 명재림 ·············· 122
을씨년 · 신지영 ·············· 128
이판사판 · 장재윤 ·············· 134

교류

무대포 · 윤관집 ·············· 142
시치미 · 신지영 ·············· 148
호두 · 김선우 ·············· 154
화냥년 · 김선우 ·············· 160

참고문헌 ·············· 142

음식

01 굴비
02 꿩 대신 닭
03 부대찌개와 밀면
04 숙주나물

01 굴비

무얼 알아볼까요?

조기와 굴비

조기라는 물고기, 다들 먹어 보셨지요? 옛날 어떤 책에서는 조기를 '도울 조助'와 '기운 기氣'로 쓰고, '사람의 기를 돕는다'는 뜻이라고 풀이하기도 했어요. 그 한자 표기가 맞는지는 몰라도, 그만큼 조기가 좋은 물고기인 건 틀림없나 봐요. 그래서인지 예로부터 이름난 집 잔칫상이나 제사상에는 조기가 빠지지 않고 올랐지요.

이 조기를 말린 것이 바로 굴비에요. 조기는 주로 봄에 잡는데, 옛날에는 냉장시설이 마땅치 않아 이를 보관하기가 어려웠어요. 그래서 조기를 소금에 절여서 말려두었거든요. 그 과정을 거치면 맛이 더 좋아지기 때문에, 요즘엔 조기보다 굴비가 훨씬 귀한 음식 대접을 받는답니다.

그런데 왜 말린 조기를 굴비라고 부르게 되었을까요? 그 이유를 알기 위해 고려 시대의 이자겸이라는 사람 이야기를 좀 해볼까 합니다.

경원 이씨 집안

이자겸은 고려 시대에 엄청난 세력가였던 경원 이씨(인주 이씨, 인천 이씨) 가문의 사람이에요. 경원 이씨가 왜 세력이 있는 가문이었냐고요? 바로 왕실과 혼인 관계를 맺은 덕분이었지요.

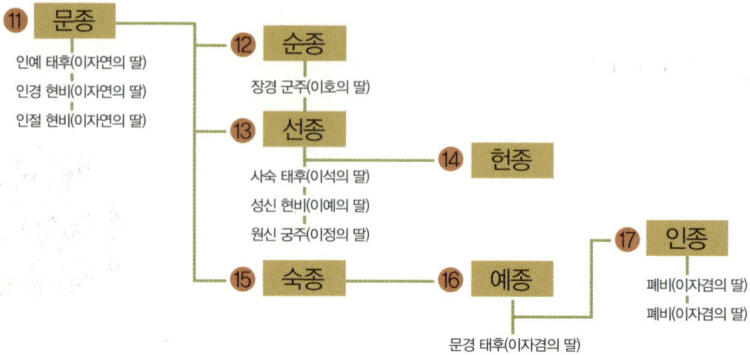

옛날에는 집안에서 왕비가 한 명만 나오더라도 큰 경사였고, 장차 어마어마한 부와 권력을 보장받을 수 있었어요. 그런데 경원 이씨 집안에서는 다섯 왕이 이어지는 동안, 우와~ 무려 열 명의 왕비를 배출했어요. ㅎㄷㄷ 그러니 뭐, 더 말할 것도 없지요.

이 정도만 해도 이자겸은 아마 남부럽지 않은 최고의 권력을 누리며 살았을 거예요. 그러나 사람의 욕심은 끝이 없는 것인지, 쯧쯧. 이자겸은 이에 만족하지 못하고 부려서는 안 될 욕심을 부리고 말았어요.

부패한 권력자 이자겸

이자겸은 둘째 딸을 고려 16대 왕 예종에게 시집보냈어요. 그리고 뒤를 이어 그 아들 인종이 왕이 되었어요. 이자겸의 사위에 이어 외손자가 왕이 된 것이지요. 그런데 이자겸은, 지금으로서는 황당하기 그지없는 일을 벌였어요. 바로 외손자인 인종에게 자신의 셋째 딸과 넷째 딸을 시집보낸 거예요. 이럴 수가, 인종은 이모들과 혼인을 하게 되었습니다!! 그리고 이 말도 안 되는 혼인 덕에 이자겸은 인종의 외할아버지이자 장인어른이 되어 버렸고요 왕비는 언니를 시어머니로 모시게 되었네요. 이자겸의 욕심으로 인해 정말 이상한 족보가 생긴 것이지요.

 엄청난 권력자가 된 이자겸은 갖은 횡포를 부렸어요. 자기 마음대로 관직을 주니 그에게는 온갖 사람들이 몰려들었고, 뇌물도 엄청났어요. 미처 먹지 못해 썩어서 버린 고기가 수 만근이 될 정도였다고 하는군요.

 이자겸은 자신의 생일을 '인수절'이라고 불렀어요. 생일을 '절'이라 부르는 것은 황제와 태자만이 할 수 있었는데 말이지요. 심지어 인종을 손가락을 이용해 부르기까지 했다니, 아마 이자겸은 자신의 권력을 황제 수준으로 생각했나 봅니다.

왕이 되고 싶은 이자겸

 청년이 된 인종은 왕보다 더 큰 권력자였던 이자겸을 가만히 둘 수 없었어요. 이에 군대를 보내 이자겸을 체포하려 했지요. 그러나 이자겸에게는 척준경이라는 걸출한 장군이 있었어요. 척준경은 궁궐에 불을 지르고 인종의 측근들을 모조리 죽였답니다. 이자겸은 궁궐을 잃어버린 인종을 자신의 집에 사실상 가두어두고는 나랏일을 자기 마음대로 처리했대요.

이자겸, 슬슬 자신이 황제가 되고 싶었겠지요? 그는 왕비인 자신의 딸들을 이용해 인종을 독살하려고 했어요. 그러나 왕비는 독이 든 떡을 인종이 먹지 못하도록 까마귀에게 던져 주었고, 독이 든 약사발을 들고 가다가 일부러 넘어져 독약을 엎질러 버렸어요. 왕비들의 도움으로 인종은 무사히 위기를 넘겼지요.

이자겸은 그래도 멈추지 않았어요. 바로 '십팔자득국十八子得國'이라는 소문을 만들어 낸 것이에요. 십十과 팔八과 자子를 하나의 글자로 합치면 '이李'자가 돼요. 즉 장차 이씨 성을 가진 사람이 나라를 얻어 왕이 된다는 소문인 것이지요. 인종은 자신이 왕위에서 쫓겨날지 모른다는 두려움에 빠질 수밖에 없었답니다.

영광으로 유배 간 이자겸과 굴비

그런데 생각지도 못한 일이 일어나고 말았어요. 이자겸의 아들 이지언의 집사가 척준경의 집사와 노비에게 척준경을 비난하는 발언을 한 거예요. 척준경이 이 소식을 들었고, 결국 이자겸과 척준경의 사이가 멀어졌답니다. 이 정보를 입수한 인종은 기회를 놓치지 않고 척준경을 회유했어요.

이자겸은 군사를 이끌고 궁궐을 공격하려 했어

요. 인종은 척준경을 내보내 이를 진압했고, 결국 이자겸은 영광 법성포로 유배를 가게 되었지요.

유배를 간 이자겸은 어느 날 소금 간을 해서 말린 조기를 먹고 깜짝 놀랐어요. 얼마나 맛있던지, 그 맛을 모르고 개경에 살았던 것을 후회했을 정도였다고 하네요. 이자겸은 이 맛있는 말린 조기를 인종에게 진상임금에게 귀한 물건을 올려 바치는 일했어요. 그러면서 자신의 뜻을 '굽히지[屈굴] 않겠다[非비]', 혹은 비록 유배 생활을 하지만 '더 이상 비굴하게 살지 않겠다'는 의미를 담아 '굴비'라는 이름을 붙였대요. 지금도 전국적으로 유명한 영광굴비의 유래가 바로 이자겸에 의해 시작된 것이지요.

여러분들은 이자겸의 이야기에서 무엇을 느꼈나요? 사람이 살아가는데 꿈과 희망을 갖는 것은 자기 발전에 긍정적인 역할을 해요. 그러나 이것이 지나치게 된다면 잘못된 욕망으로 변질 될 수 있어요. 이자겸의 경우가 바로 그렇다고 할 수 있지요. 자신의 꿈을 이루기 위해 남을 해치고 불법과 비리를 저질러서는 안 되겠죠? 맛있는 굴비를 먹으면서, 이자겸을 한 번 떠올려 보세요. 그 맛이 심상치 않을 거예요.

02 꿩대신 닭

무얼 알아볼까요?

단어에 숨은 역사

음식

꿩을 먹고 싶지만 닭을 찾다

필요한 것이 없어서 비슷한 것으로 대신할 때가 있지요. 그럴 때 우리는 '꿩 대신 닭'이라고 말하곤 해요. 왜 하필이면 꿩이고, 닭일까요? 이 말은 우리 조상들이 정말 꿩 대신 닭을 먹어야 할 때 쓰던 표현이랍니다.

그 떡국에 꿩을 넣고 싶다

새해가 되고 한 살 먹으면 함께 먹는 음식은? 네, 떡국입니다! 담백하면서도 그윽한 떡국의 국물 맛은 어떻게 낼까요? 요즘은 멸치를 우려내기도 하고 좋은 조미료도 넣지만, 우리 조상들은 국물을 내기 위해 꿩을 넣었다고 해요.

요즘엔 꿩을 즐겨 먹지는 않지요. 꿩으로 국을 끓이는 건 더욱 생소하고요. 아마 도시에 사는 사람들은 꿩을 실제로 보기도 힘들 거예요. 어때요, 꿩을 넣어 만든 떡국 맛이 궁금하지 않나요?

하늘 닭, 땅의 닭

옛사람들은 새를 하늘과 땅을 이어주는 존재로 여겼어요. 우리나라뿐 아니라 외국의 고대 유물 중에도 새를 상징하는 것들이 많지요. 특히 꿩은 '하늘 닭'이라 하여 하늘에 사는 신이 사람들에게 내려보

낸 사자로 대접받았어요. 우리에게 좋은 소식을 가져다주는, 존귀하고 신령스러운 새였던 셈이지요. 그래서 설날처럼 특별한 날에는 꿩으로 국물을 낸 떡국을 먹어야 한다고 생각했어요.

그러나 꿩은 예나 지금이나 구경하기 힘든 새입니다. 집에서 키우지 않았으니 사냥을 해야만 얻을 수 있었고, 당연히 사냥을 공치면 먹을 수 없는 귀한 음식이었어요. 그러니 일반 가정집에서 꿩 육수로 떡국을 끓이기는 힘들었겠지요. 사실 사람들 대부분은 꿩 대신 닭을 넣어 끓인 국물로 떡국을 만들어 먹었어요. 여기서 '꿩 대신 닭'이라는 말이 나온 것이랍니다.

꿩만큼은 아니어도, 닭 역시 나름대로 귀한 새로 대접받았어요. 제때 새벽을 불러오는 새, 귀신을 쫓는 새로 여겨지기도 했지요. 아마도 꿩 대신 닭을 넣어 끓인 떡국을 먹어야 했던 사람들도, 꿩이 들어간 떡국을 먹은 사람들 못지않게 기분 좋게 새해를 맞았을 것 같아요.

의미도 좋고 맛도 좋은 꿩. 이 귀한 식재료가 들어가는 음식에는 또 무엇이 있을까요?

평안 감사도 내가 싫으면 그만

 2018년에 남북 정상 회담을 하면서 우리나라 예술단이 북한의 평양을 방문했어요. 그때 북한 측에서 대접한 옥류관 냉면이 화제가 되었는데요, 옥류관은 평양에서 가장 좋은 냉면집이라고 해요. 옥류관에서는 자기네 냉면이 맛있는 이유로 꿩과 닭으로 낸 육수를 들었지요. 실제로 냉면 만들 때 전통적으로 꿩 육수를 많이 썼다고 해요.

 냉면은 원래 북쪽 지방 음식이에요. 지금도 평양냉면과 함흥냉면이 유명하지요. 얼음을 넣거나 육수를 시원하게 만들어야 하니, 냉면은 조선 시대까지만 하더라도 무척 호사스럽고 귀한 음식이었어요.

 '평안 감사도 제 싫으면 그만'이라는 속담이 있습니다. 제아무리 좋은 것이라 해도 자기가 싫으면 소용이 없다는 뜻으로 쓰이지요. 평안 감사는 지금으로 치면 평안도 지역을 다스리는 도지사 정도의 관리인데요, 왜 하필 다른 관리가 아닌 평안 감사를 좋은 자리의 대명사로 썼을까요?

 조선 시대에 평안도 일대, 특히 감사가 머무르는 평양은 풍요로운 고장이었어요. 조선과 중국을 오가는 사신들이 지나가는 통로이다 보니 일찍부터 무역이 크게 발달해서 세금이 많이 걷혔다고 해요. 그렇다 보니 평안 감사를 하면서 마음만 먹으면 한몫 단단히 챙길 수 있기도 했지요. 평양 일

김홍도의 「월야선유도」 : 새로 부임하는 평안 감사를 평양에서 화려한 뱃놀이를 통해 환영하고 있습니다.

대가 북방 방어 거점이다 보니 군사·정치적으로도 중요한 자리였고요.

　이런 평양에서도 냉면은 아무나 쉽게 먹을 수 없는 고급 음식이었어요. 고급 음식인 만큼 귀한 꿩으로 육수를 냈던 것이지요. 글쎄요, 평안 감사 정도면 꿩 육수로 만든 냉면을 자주 먹었을까요?

　우리나라가 남북으로 분단되자, 북에서 남으로 내려온 사람들이 냉면을 만들어 팔았어요. 이때 서울에서 꿩을 구하기가 좀처럼 쉽지 않자 그 대신 닭으로 육수를 많이 냈어요. '꿩 대신 닭'이지요.

맛의 민족

다른 나라 문화가 많이 들어오면서 우리 밥상도 굉장히 다채로워졌어요. 굳이 여행을 떠나지 않아도 세계 유명 음식을 근처 가게에서 맛볼 수 있는 시대지요. 하지만 한편으로 우리나라의 먹거리 문화를 발굴하고 발전시키지 못하고 있는 것 같아서 안타깝기도 해요. 우리가 흔히 먹는 삼겹살이나 삼계탕, 떡볶이, 국밥, 국수 같은 음식들 말고도 우리 조상들은 무척 다양한 음식들을 즐겼답니다.

「홍길동전」으로 알려진 허균이 남긴 「도문대작」이라는 맛집 노트가 얼마 전에 언론에 소개된 적이 있어요. 당시 세태와 맞지 않는 파격적인 주장을 하다가 사람들의 미움을 사서 유배를 떠난 상황에서 맛있는 음식을 그리워하며 쓴 책이라고 하는데요, 내용을 보면 조선 팔도 곳곳에 있는 먹거리의 방대함에 입이 벌어질 정도라고 해요.

생각해보면 우리말에는 '밥'이라는 단어가 참 많이 들어가요. '밥벌이 한다', '밥심으로 버틴다', '밥맛 떨어진다' 같이 말이지요. 지금 우리가 맛집을 열심히 찾아다니고 인사말로 "밥은 먹었냐"고 안부를 묻는 것처럼 옛사람들도 먹거리를 무척 소중히 여겼고, 다양한 음식을 즐기며 살았어요. 앞으로는 전통 먹거리에도 관심을 가져보는 건 어떨까요?

03 부대찌개와 밀면

무얼 알아볼까요?

부대찌개와 밀면

부대찌개는 문자 그대로 군부대의 찌개라는 의미에요. 돼지고기, 햄, 소시지, 김치, 떡, 두부, 라면 등을 넣고 끓여 먹는 음식이지요. 최근 텔레비전에서 방영되는 예능 프로그램을 보면 서양 사람들이 거부감 없이 잘 먹는 음식 중의 하나로 소개되기도 해요.

밀면은 부산의 향토음식으로 냉면과 유사해요. 더운 여름에 시원한 밀면 한 그릇이면 더위를 날려 버릴 수 있지요. 최근 부산 여행을 가는 사람들을 보면 돼지국밥과 함께 반드시 부산에서 먹어야 할 음식으로 손꼽히고 있어요.

그런데 우리에게 많은 사랑을 받고 있는 부대찌개와 밀면이 우리의 슬픈 역사와 관련 있다는 사실을 알고 있었나요?

6·25 전쟁

우리나라 역사상 가장 비극적인 사건을 꼽으라면

6·25 전쟁일 거예요. 1945년 8월 15일 우리는 드디어 일본의 식민지배에서 벗어나게 되지만 불과 5년 후에 민족상잔의 비극이 일어나고 말았지요. 전쟁의 결과는 참혹했어요. 전쟁으로 수많은 인명 피해와 함께 미망인, 전쟁고아, 이산가족이 발생하였고 생산 시설의 절반 가까이 파괴되었어요. 먹고 살아야 하는 경제 활동의 기반이 무너져 세계에서 가장 가난한 나라로 전락했어요. 먹을 것이 없었던 그 가난한 시절 탄생한 음식이 바로 부대찌개와 밀면이었지요.

부대찌개의 시작

6·25 전쟁 직후 가장 부러운 사람들 중 하나가 미군 부대에서 일하는 사람들이었어요. 당시에는 제대로 된 직업을 갖기 어려웠기 때문에 물자가 풍부한 미군 부대에서 돈을 받고 일한다는 것은 누구에게나 부러운 것이었지요.

바로 이 미군 부대에서 일하던 사람들이 미군의 햄과 소시지를 몰래 빼내서 팔기 시작했어요. 햄과 소시지를 사온 당시의 우리 어머니들은 어떻게 요리를 해야 할지 고민이 됐다고 해요. 고민 끝에 당시 어머니들은 우리에게 가장 친숙한 김치찌개에 햄과 소시지를 넣고 요리를 했어요. 이것이 부대찌개의 시작이지요.

부대찌개라는 이름도 미군 부대에서 나온 재료로 찌개를 끓였다는 뜻에서 나온 것이었어요. 의정부와 송탄이 부대찌개로 유명한 이유는 미군 부대가 있었기 때문이에요. 현재 부대찌개를 파는 상점들의 간판을 살펴보면 대다수의 상점들이 의정부와 송탄 지명을 내걸고 있지요.

시간이 지나면서 부대찌개에는 떡, 두부, 다진 고기, 치즈, 라면 등이 추가되면서 현대인의 입맛에 맞게 변형 되었어요. 지금은 가난한 시절 먹었던 음식이라기보다는 남녀노소 가릴 것 없이 좋아하는 우리나라를 대표하는 음식으로 자리매김하게 되었지요.

밀면의 시작

6·25 전쟁이 시작되자 북한의 많은 사람들 역시 피난을 떠났어요. 이들의 최종 목적지는 당시 가장 안전한 곳으로 여겨지던 부산이었지요. 아무것도 가진 것 없이 떠나온 이들은 전쟁이 끝난 후 고향으로 돌아가지 못하고 부산에 정착하게 됐어요. 이른바 고향을 잃은 실향민이 된 것이었지요. 당장 먹고 살아야 했던 이들은 자

평양 대동강 철교의 피난민들

신들이 가장 잘 할 수 있는 것을 내세워 장사를 시작했어요.

여기서 북한 출신 실향민들에 의해 부산식 냉면인 밀면이 탄생하게 되었지요. 지금도 냉면 음식점을 가면 평양냉면과 함흥냉면이 손님들로부터 가장 많은 사랑을 받고 있듯이 우리가 즐겨 먹는 냉면의 시작은 북한 지역이었어요. 그들은 집에서 늘 해 먹듯이 냉면을 만들어 장사하려 했지만, 부산에서는 냉면의 주재료인 메밀가루를 구하기 어려웠어요. 그때 때마침 전쟁 후 미국이 우리나라에 밀가루를 보급품으로 제공하고 있어서 주재료를 밀가루로 바꾸는 방법을 찾아냈어요.

'꿩 대신 닭'이라는 말이 있지요? 북한 출신의 실향민들은 메밀가루 대신 밀가루를 주재료로 하고 거기에 감자전분을 섞어 새로운 냉면을 개발해 냈던 것이에요.

전쟁이 준 음식

부대찌개와 밀면은 현재 우리가 즐겨 먹는 맛있는 음식이지만 6·25 전쟁이라는 슬픈 역사에서 탄생한 음식이라는 공통점이 있어요. 먹을 것이 없어 미군 부대에서 나온 햄과 소시지를 이용해 만든 부대찌개와 고향을 잃은 실향민들의 슬픔에서 탄생한 밀면은 가난하고 힘이 없었던 우리의 역사를 보여주고

단어에 숨은 역사

음식

있는지도 몰라요.

　6·25 전쟁 직후 우리는 무척이나 어려운 삶을 살았어요. 그러나 한강의 기적이라는 찬사를 받으며 이제 우리나라는 세계에서 가장 부유한 국가 중의 하나가 되었지요. 그렇게 성장을 한 우리나라와 같이 부대찌개와 밀면도 처음 탄생했을 때와는 다르게 많이 변했어요. 좀 더 좋은 재료를 쓰고 맛도 풍부해진 음식으로 발전한 것이에요. 어쩌면 부대찌개와 밀면은 우리나라의 변화된 모습을 보여주고 있는 대표적인 음식이 아닐까요?

04 숙주나물

숙주나물

숙주나물 좋아하세요? 데쳐서 무쳐먹기도 하고, 요즘은 쌀국수나 일본 라멘에 많이 넣어 먹는 그 나물이요. 숙주나물은 녹두의 싹을 키운 거예요. 녹두를 깨끗이 씻어서 물에 적신 다음, 항아리에 넣고 물을 뿌려 기르면 숙주나물이 되지요.

그런데 녹두의 싹을 무친 이 나물의 이름이 왜 녹두나물이 아니라 숙주나물일까요? 그것은 조선 시대 학자이자 관리였던 신숙주라는 인물과 관련이 있어요.

신숙주와 세종대왕

신숙주는 세종대왕 때 관직 생활을 시작한 인물로, 가장 똑똑한 사람들이 모여 있다는 집현전의 학자들 중에서도 학문이 높기로 유명했어요. 신숙주가 집현전에서 연구하던 시절의 유명한 일화가 있어요.

어느 날 밤 세종대왕이 조용히 집현전으로 가서 살펴보니 신숙주가 열심히 공부를 하고 있었어요. 세종대왕은 네 번씩이나 신하를 보내 계속 공부를 하고 있는지 살피게 하였는데 여전히 공부를 하고 있었다고 해요. 그러다가 다섯 번째에 가서 보니 신숙주가 이불도 없이 자고 있더랍니다. 세종대왕은 자신의 옷을 덮어 주었고, 잠에서 깬 신숙주는 왕의 사랑을 깨닫고 눈물을 흘리며 감동을 하였답니다.

신숙주와 수양대군의 왕위 찬탈

 세종대왕의 뒤를 이은 문종은 3년 만에 돌아가시고 말았어요. 그래서 문종의 아들이 12살의 어린 나이로 왕위에 올랐으니, 그 분이 단종입니다. 왕이 너무 어린 것이 문제였어요. 왕의 삼촌인 수양대군이 왕위에 욕심을 내기 시작했지요.

 세종대왕은 단종이 어릴 때 집현전으로 데리고 가서, 신숙주와 성삼문, 박팽년 등에게 인사를 시키며 어린 단종을 잘 부탁한다고 이야기 했다고 해요. 아마도 아들인 문종이 병약해서 오래 살지 못할 것이라는 것을 알고 있었나 봐요.

 세종대왕의 총애를 받았던 신숙주는, 수양대군이 손을 내밀자 고민에 빠졌어요. 세종대왕의 유언을 지킬 것인가, 아니면 수양대군과 손을 잡을 것인가. 결국 신숙주는 수양대군을 도와 단종을 왕위에서 몰아내고, 수양대군이 세조로 즉위하는데 공을 세웠답니다.

신숙주

사육신 성삼문의 묘

사육신(死六臣)

단종이 쫓겨나자, 세종대왕의 유언을 받든 성삼문, 박팽년, 하위지, 이개, 김문기, 유성원 여섯 명의 집현전 학사 출신들이 중심이 되어서 단종 복위 운동을 일으켰어요. 이들은 세조(수양대군) 암살 계획을 세웠고, 같은 집현전 학사 출신인 신숙주에게 동참할 것을 권유했어요. 신숙주는 어떤 결정을 내렸을까요? 신숙주는 인력과 준비 부족으로 실현이 불가능하다고 판단해 반대를 했고, 오히려 당시 세조의 측근인 권람과 한명회에게 이 사실을 일러바치고 말았지요.

결국 성삼문을 비롯한 여섯 명의 신하들은 처형되었습니다. 후세 사람들은 이들이 임금에게 충성을 바치다 죽은 여섯 명의 신하라 하여 사육신死六臣이라 불렀습니다.

신숙주가 왜 자신의 동료를 배신했을까요? 글쎄요, 잘은 모르지만 자신이 살아남아 나라를 위해 할 일이 많다고 판단했으리라 보는 사람들도 있습니다. 그러나 어쨌건 신숙주의 이러한 행위는 두고두고 세상 사람들의 입방아에 오르게 되었고, 그는 배신의 아이콘으로 남게 되었지요.

배신자라는 낙인

신숙주는 뛰어난 언어학자로 중국어, 일본어, 여진어, 몽골어 등에 능통했어요. 그의 언어 능력을 알아본 세종대왕은 훈민정음을 설명한 책 『훈민정음 해례』의 작업에 참여시키기도 했지요. 또 그는 일본에 사신으로 파견되어 일본에 대해 기록한 『해동제국기』라는 책을 남긴 뛰어난 외교관이기도 했어요.

그러나 배신자라는 이미지에 이런 업적은 묻히고 말았지요. 숙주나물은 워낙 잘 쉬는 나물이지라, 신숙주의 배신에 빗대 그 이름이 붙여졌답니다. 심지어 숙주나물을 요리할 때 머리 부분을 맷돌이나 방망이로 짓이기는 것을 두고 신숙주의 머리를 짓이기는 것이라며 조롱하기도 했었대요.

여러분의 생각은?

신숙주가 사육신을 배신한 것은 분명한 사실이지만, 한편 나라와 백성을 위해 남긴 업적들도 매우 많았답니다. 과연 그를 어떻게 평가해야 할까요?
 그가 자신이 섬기던 임금을 배신하고 동료들을 죽음에 이르게 한 것은 도덕적으로는 비난받아 마땅해요. 그러나 현실적으로 세조를 도와 조선에 세운 공은 칭찬받을 만한 부분이 있었거든요. 참 어려운 문제이지만, 누군가를 평가할 때 공과 과를 잘 따지고 구분하는 것은 필요하지 않을까 싶군요.

사람

01 고약해

02 땡전

03 샌님

04 영감과 마누라

05 자네

06 흥청망청

05 고약해

무얼 알아볼까요?

'고약' 이라는 말의 유래

여러분도 '고약해!'라는 말을 써본 적이 있나요? 우리는 심기가 불편할 때, 혹은 성격이 안 좋은 사람을 이야기할 때 고약하다고 표현하지요. 예를 들면 '화장실 냄새가 고약해!', '저 사람 성질이 고약하군!'처럼.

고약해의 어원에 대해서는 몇 가지 설이 있어요. 그 중 대표적인 것이 '기이하고 나쁘다'는 뜻의 한자어인 '괴악怪惡'이 변해 고약이 되었다는 설이고, 또 다른 것은 세종대왕이 심기가 불편하면 '이런 고약해 같은 이'라고 말한 데에서 유래했다는 설이에요.

고약해는 훌륭한 관리

세종대왕은 한글 창제 외에도 많은 업적을 남겼어요. 특히 조선이 세워진 지 얼마 되지 않은 시점에 나라를 부유하게 하고 국방을 튼튼히 하는 데 힘을 기울였지요. 농업이 발달하고 세금 걷는 방법이 바뀌어 나라 살림살이가 나아졌고, 백성들을 위한 많은 복지 정책이나 서적 편찬이 이루어졌어요. 또 국방을 튼튼히 하고 무기 개발에도 힘써, 우리 영토가 지금처럼 압록강에서 두만강까지 확장되었어요.

세종대왕은 백성들을 사랑했고, 황희 정승부터 노

비인 장영실에 이르기까지 모든 사람을 아꼈어요. 그런 세종대왕이 자신의 심기를 불편하게 하는 사람에게 '고약해 같은 이'라고 했다니, 도대체 고약해는 어떤 사람이었을까요?

고약해(1377~1443)는 행실이 바르고 효심이 지극하여, 세종대왕의 아버지인 태종 때부터 벼슬에 올랐던 인물이에요. 세종대왕 때에는 한성부윤지금의 서울시장, 관찰사지금의 도지사, 사헌부 대사헌지금의 검찰 총장 등 높은 관직을 두루 거쳤어요. 그는 강직한 신하로 유명했는데, 왕의 정책에 불만이 있거나 자신이 옳다고 믿는 생각이 있으면 거침없이 말하곤 했어요.

세종대왕과 고약해의 다툼

고약해는 세종대왕에게 여러 차례 자신의 생각을 굽히지 않고 말했어요. 한 번은 이런 일이 있었지요. 조정에서 지방관의 임기를 늘리는 일에 대해 논의가 벌어진 날이었어요. 이 날 세종대왕의 결정이 맘에 들지 않자, 고약해는 또 왕에게 자신의 생각을 이야기 했어요. 그런데 그 과정에서 고약해는 자신을 '소인小人'이라고 칭했어요. 심지어 두 번이나요. 신하가 왕에게 말을 할 때에는 '대왕大王'에 대비되는 말로 자신을 '소신小臣'이라고 해야 해요. 자신을 소인이라 표현했다는 것은 '당신도 대왕이 아닌 일반 사람이야'라는 뜻을 담고 있는 것이지요. 당연히 조정에서는 웅성웅성 난리가 났어요.

　화가 난 세종대왕이 언성을 높였더니, 고약해는 여기서 더 나아가 왕의 말을 끊고 자기 말을 하려 했어요. 결국 세종대왕은 폭발해버렸지요.

　"경이 내 말을 자세히 듣지 아니하고 감히 말하는가. 경은 끝까지 들으라!(어디서 말을 잘라? 입 닫아!!)"

　그러자 고약해는 회의장에서 나가려 했어요. 그러면서 왕에게 또 말대꾸를 했지요.

　"이제 비단 불윤(不允)하실 뿐만 아니라 신더러 그르다 하시오니, 신은 실로 실망하였나이다.(아니, 멍청한 것도 모자라 나보고 틀렸다고? 실망입니다!)"

　국가 최고 회의 자리에서 왕과 말싸움을 하다니, 이는 예의를 중요하게 여기는 조선에서 상상도 못할 일이었어요. 세종대왕은 회의가 끝나고 왕의 비서인 도승지를 남겨 그동안 있었던 과거 잘못까지 샅샅이 이야기하며 고약해를 지적했어요. 세종대왕이 너무 화가 나서 꼭 벌을 주고 싶었나 봐요.

　신하들의 중재로 이 일은 마무리가 되었지만, 세종대왕은 이때부터 자신의 심기를 불편하게 하

는 사람이 있으면 '이런 고약해 같은 이라고' 말했다고 해요.

고약해에 대한 세종대왕의 평가

세종대왕은 그러나, 평소에 바른 말을 하는 고약해를 크게 처벌하지 않았어요. 오히려 고약해를 벌해야 한다는 상소가 올라왔을 때에 그를 보호해 주었지요. 그리고 그가 사망할 때까지 관직을 주어 자신의 곁에 두었어요. 고약해가 죽자 세종대왕은 고약해에 대해 다음과 같은 기록을 남겼어요.

"하루 동안 조회를 그치고 조의를 표하여 부의를 보내고 시호를 '정혜貞惠'라 하였다. 숨기지 않고 굽힘이 없음을 정貞이라 하고, 너그럽고 인자한 것을 혜惠라 한다. 약해若海는 타고난 성품이 고상하여 가슴이 넓어서, 사소한 신념에 거리끼지 않고 임금에 충성하는 일을 자기의 임무로 삼아 간혹 직위를 넘어 감히 말하기도 하였으나……"

세종대왕 같은 사람이 되려면?

세종대왕은 책을 많이 읽기로 유명해요. 너무 책만 읽어 건강을 상할까봐 아버지가 금지시킬 정도였지요. 또 세종대왕은 다른 사람의 이야기를 잘 듣고 생각하는 것을 좋아했어요. 자신과

세종실록

단어에 숨은 역사

의견이 달라 맘을 좀 불편하게 하더라도, 고약해처럼 바른 말을 하는 신하를 곁에 두어 자유롭게 말할 수 있도록 해 주었던 거예요.

여러분 곁에는 여러분을 위해 바른 말을 하는 사람이 있나요? '좋은 약은 입에 쓰다'라는 말이 있어요. 다른 사람의 말이 불편한 잔소리처럼 들려도, 귀를 기울여 들어보세요. 여러분도 세종대왕처럼 존경받는 사람이 될 수 있을 거예요.

06 땡전

무얼 알아볼까요?

땡전과 한 푼

땡전은 조선 시대에 발행되었던 어떤 동전을 비꼬아 부른 말이에요.

상평통보라고 들어보셨나요? TV 드라마나 영화에 가끔 나오지요. 조선 시대에 유통되었던, 가운데 네모난 구멍이 있는 엽전이 생각날 거에요. 오늘날 십 원, 백 원짜리 동전이 있는 것처럼 옛날 상평통보도 한 푼, 두 푼짜리가 있었어요. 한 푼짜리는 당일전, 두 푼짜리는 당이전이라고 했지요.

백 푼 가치에 해당하는 동전이 있다면 그 이름이 뭐였을까요? 딩동댕~ '당백전'정식 명칭은 상평통보 당백전常平通寶 當百錢이에요. 조선 후기 언젠가 그림과 같은 당백전이 실제로 발행되었어요. 그리고 이 당백전이 바로 앞서 말한 땡전이지요. 당일전의 백배나 되는 비싼 당백전을 사람들은 '땡전'이라고 무시하며 불렀던 거에요.

당백전 앞면

당백전 뒷면

이하응, 왕의 아버지가 되다

당백전을 만든 사람은 흥선대원군이에요. 조선의 25대 왕이었던 철종이 자식 없이 죽자, 왕족들 중에서 새로 왕을 뽑게 되었어요. 이때 흥선군 이하응의 둘째 아들 이명복이 왕으로 뽑혔으니, 그가 바로 고종이에요. 고종은 겨우 열 두 살에 왕이 되었지요. 따라서 실제 정치 운영에는 아버지인 흥선대원군대원군은 왕의 아버지에게 붙이는 칭호입니다이 깊숙이 관여하게 되었어요.

고종이 왕이 될 무렵 조선은 여러모로 힘든 상황에 놓여 있었어요. 나라 안에서는 왕의 외가 친척 세력들이 60여 년 가까이 권력을 잡으면서 많은 부정부패가 발생했어요. 나라 밖에서는 침략 의도를 가진 서양 열강들이 조선에 접근하기 시작했지요. 생전 처음 보는 낯선 배와 낯선 사람들의 등장은 조선 사람들을 혼란스럽게 만들었어요.

조선 왕실 바로 세우기

정권을 잡은 흥선대원군을 그간 어지러웠던 조선을 고쳐나가기 위한 개혁 정책들을 시행했어요. 흥선대원군이 가장 중요하게 생각했던 것은 외척 가문에 억눌려 있던 왕실의 권위와 위엄을 다시 높이는 일이었어요. 이를 위해 흥선대원군은 조선 왕실의 상징이라고 할 수 있는 경복궁을 원래 모습대로 다시 지어야 한다고 생각했지요. 흥선대원군은 강력한 왕권을 중심으로 조선의 질서를 다시 세우려 했어요.

경복궁 근정전

경복궁은 원래 왕과 왕비가 거처하며, 왕이 신하들과 더불어 정치를 논하는 조선의 으뜸 궁궐이었어요. 하지만 1592년 임진왜란 때 전부 불에 타 없어지고 말았어요. 이후 조선의 왕들은 경복궁을 다시 짓고 싶었으나 막대한 예산과 백성들의 노동력이 들어가는 궁궐 공사를 쉽게 시작할 수 없었어요. 경복궁 공사비가 부족했던 흥선대원군은 원납전이라는 기부금을 걷고 당백전이라는 비싼 동전을 만들었지요.

당백전? 아니, '땡전'!

농사짓기도 바쁜데 궁궐 짓는 일까지 해야 했던 백성들은 흥선대원군을 원망했어요. 원납전은 말만 기부금이지 사실을 강제로 거둬들이는 돈이었어요.

그래서 사람들은 원납전을 원해서願 원할 원 납부하는 돈이 아니라 원망하며怨 원망할 원 납부하는 돈이라고 불렀어요.

특히 문제가 심했던 것은 당백전 발행으로 물가가 엄청나게 올라버린 일이었어요. 당백전은 이름처럼 백 푼의 가치로 발행하였지만 실제로는 백 푼이 아니라 대략 이십 푼 정도의 가치만 인정받았어요. 당장 눈앞에 필요한 공사비 마련을 위해 무턱대고 당백전을 마구 만들자 나라 안에 돈이 너무 많아져 돈의 가치가 떨어지게 되었고 상대적으로 물건의 가치가 오르게 되어 물가가 상승하는 현상이 나타났어요. 당백전 발행 후에 쌀값이 무려 5~6배나 크게 올랐다고 해요.

당백전이 제 값어치를 하지 못하게 되자 백성들은 당백전을 '땅전', '땡전'이라 비꼬아 부르기 시작했어요. '땡전 한 푼'이라는 말은 이렇게 나타나게 되었지요. 결국 당백전은 만들어진지 1년 만에 유통이 금지되었어요.

경제정책과 나의 삶

현실을 제대로 파악하지 못한 흥선대원군의 정책은 조선 백성들의 삶에 큰 피해를 주었어요. 우리나라에서 잘못된 경제정책으로 국가 경제와 국민의 삶이 크게 무너져 내렸던 사례는 또 있어요. 바로 1997

년, 이른바 'IMF(국제통화기금) 외환위기'지요.

당시 정부에서 기업들이 돈을 쉽게 빌릴 수 있도록 정책을 바꾸자 많은 회사들이 너도나도 외국 투자자들에게 돈을 빌렸어요. 갚을 능력을 생각하지 않고 무리하게 빚을 낸 기업들은 결국 하나 둘씩 망하기 시작했어요. 그러자 위기감을 느낀 외국인 투자자들이 한국에 투자한 돈을 빼내버렸어요. 순식간에 많은 투자금이 사라진 한국 경제는 위기를 맞이해 IMF에 도움을 요청하게 되었고 IMF에서 요구하는 대로 경제 정책을 수정해야 했어요.

여러 회사들이 망하면서 하루아침에 직장을 잃은 실업자가 엄청나게 늘어났어요. 거리의 노숙자가 많이 생겨나고 부모님의 실직으로 가정이 해체되는 사례도 많았어요. 가정의 부담을 덜기 위해 수학여행이나 소풍을 취소하는 학교도 많았어요.

이처럼 정부의 정책 결정은 그 나라 국민의 삶과 밀접하게 연관되어 있어요. 나라를 운영하는 사람들이 제대로 된 방향으로 가고 있는지, 올바른 결정을 내리고 있는지 항상 관심을 가지고 살펴봐야 해요. 그것이 바로 나의 삶과 이어져있기 때문이지요.

07 샌님

무얼 알아볼까요?

샌님과 생원님

'샌님'같다는 말은 오늘날 보통 매우 얌전하거나 융통성 없는 사람을 가리킬 때 사용해요. 그런데 도대체 어떤 '님'이 샌님일까요?

원래 샌님은 '생원님'을 낮춰 부르던 말이에요. 생원生員이란 조선의 과거 시험 중 생원과 시험에 합격한 사람을 뜻해요. 과거 시험은 워낙 어렵고 과정도 복잡해서, 보통은 세상에 대한 관심을 끊고 글공부만 해야 합격할 수 있었어요. 그래서 이렇게 글공부만 하느라 세상 물정을 잘 모르는 선비들을 얕잡아 부를 때, '샌님~ 샌님~'이라고 표현한 것이지요.

어렵고도 복잡한 시험, 과거(科擧)

과거는 나라에서 관리를 뽑기 위해 실시한 시험이에요. 고려 초 광종 때인 958년에 처음 도입되어

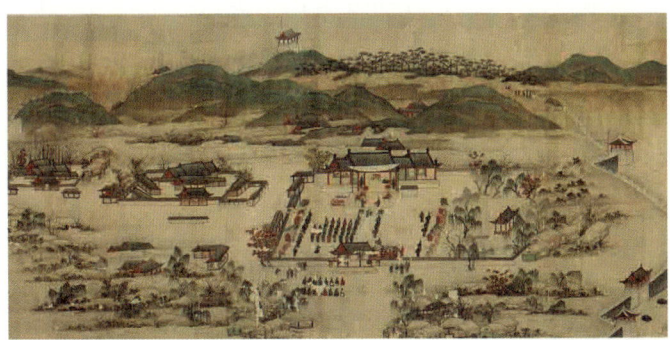

함경도 과거 시험장

1894년 갑오개혁 때 폐지되기까지, 약 900여 년간 고려와 조선 왕조에서 실시되었어요. 과거 시험은 3년에 한번 씩 열리는 정기시험인 식년시와, 여러 이유들로 비정기적으로 열린 별시가 있었어요.

자, 그럼 관리가 되기 위한 시험 과정을 알아볼까요? 문과를 보기 위해서는 먼저 예비 시험소과에 합격해야 했답니다. 예비 시험에는 유교 경전 이해력을 시험하는 생원과, 실무 능력과 문장 짓는 능력을 시험하는 진사과 두 가지가 있었어요. 생원과에 합격하면 생원, 진사과에 합격하면 진사가 되는 것이지요. 생원과와 진사과는 초시와 복시 두 단계로 진행됐는데, 전국에서 몇 백 명 뽑지 않았기 때문에 여기에 합격하는 것만 해도 대단한 일이었어요. 그래서 생원, 진사만 되어도 양반으로 인정받고 고을에서 영향력을 행사할 수 있었지요.

예비 시험에 합격한 사람들은 문과대과를 볼 수 있었어요. 보통은 전국에서 240명을 뽑는 초시, 다시 33명을 뽑는 복시를 거쳐 임금 앞에서 순위를 결정하는 전시까지 보아야 했어요. 3년마다 전국에서 33명을 뽑는 시험, 그것도 여러 번의 시험에서 모두 합격을 해야 관리가 될 수 있었던 셈이지요. 전

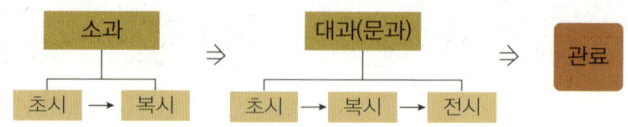

시에서 1등으로 합격하는 것을 '장원 급제'라고 했어요. 요즘도 장원이라는 말은 시험의 1등을 가리킬 때 자주 쓰이지요.

한 평생 과거만 보다가

조선 시대에, 무려 9번의 과거에서 모두 장원을 차지한 사람이 있었어요. 바로 5천 원 권 화폐의 주인공, 율곡 이이예요. 13세의 나이에 진사과 초시에서 처음 장원이 된 이이는 생원과 초시와 복시, 진사과 초시 2번과 복시, 문과 초시와 복시와 전시, 특별시험인 별시 초시까지 총 9번 장원이 되었어요.

장원 급제자 중 가장 나이가 어렸던 사람은 누구였을까요? 문과에서는 박호, 무과에서는 남이라는 인물이 그 주인공이었어요. 장원 급제 당시 두 사람의 나이는 불과 17살! 지금으로 치면 고등학생이 쟁쟁한 어른들을 제치고 고등고시에서 전국 수석을 한 것이지요. 반면에 김재봉이라는 사람은 무려 90세에 생원과에 합격했어요. 당시 임금이었던 철종은 90세의 노인이 과거 시험에 합격한 것을 희귀하게 여겨 특

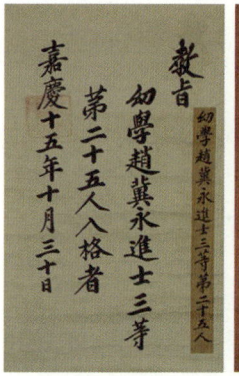 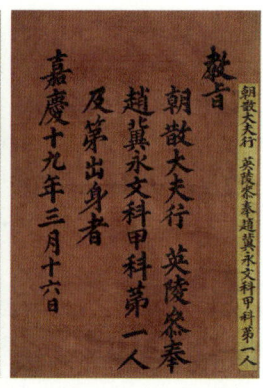

소과(예비시험)에 합격한 사람에 준 백패(왼쪽)와 대과(문과)에 합격한 사람에게 준 홍패(오른쪽)

별히 문과에 합격시키라는 명을 내렸어요.

과거를 통해 신분 상승을 꿈꾼 사람들

인조 때인 1637년 무과 시험의 합격자 명단을 보면 조금 색다른 이름들이 있어요. '안끝남', '주얼동', '정끝동', '옥글동'. 여러분이 보기에도 양반의 이름 같지는 않죠? 네, 이런 이름들은 주로 평민들이 사용한 것이에요. '안끝남'의 경우에는 이전에 면천천민 신분을 벗어난 것되었다는 기록이 있는 걸로 보아, 아마 본래는 노비 같은 천민 출신이었나 봐요. 문과 합격자 중에서는 좀처럼 찾아볼 수 없는 평민들의 이름이, 이 시험의 합격자 명단에서 보이는 이유는 무엇일까요?

원래 과거 시험은 양인, 즉 평민 이상의 신분이면 누구나 볼 수 있기는 했어요. 하지만 먹고 살기에 바쁜 사람들이 글공부를 하거나 무예를 연마해 과거를 본다는 것은 사실상 거의 불가능한 일이었지요.

그런데 1592년과 1636년, 조선은 임진왜란과 병자호란이라는 큰 전쟁을 연이어 겪었어요. 이 전쟁을 겪은 후 조선에서는 군사력을 강화하기 위해 열심히 노력했답니다. 따라서 무과 시험을 자주 열고 무관을 많이 선발했어요. 병자호란 이듬해인 1637년 무과 시험에서는 무려 5,536명을 뽑았다고 해요. 그러다보니 신분을 높이고 출세하고 싶었던 많은 평민들이 이 시험에 응시했어요. '안끝남' 같은 이들에게도 기회가 온 것이지요.

행복은 성적순이 아니잖아요!

조선 시대 양반들에게는 과거에 합격해 조정의 관리가 되는 것 말고 다른 진로가 거의 없었어요. 그래서 많은 양반들이 한평생을 글공부에 매달렸지요. 오늘날에도 시험에서 좋은 점수를 받아야 성공할 수 있다는 생각을 가진 사람들이 있어요. 시험에 떨어지면, 좋은 성적을 얻지 못하면 성공할 수 없는 걸까요?

위대한 장군으로 많은 사람의 존경을 받는 이순신 장군도 28세에 처음 응시한 과거 시험에서 떨어졌어요. 다음 시험에서는 29명 중 12등으로 합격했고요. 과거 합격 성적이 그리 높지 못했던 이순신 장군은 벼슬길도 그리 순탄하지 못했어요. 그러나 우리가 잘 알고 있는 것처럼 많은 전투를 승리로 이끌어 큰 전공을 세웠지요.

누구나 살면서 좌절과 실패를 맛볼 수 있어요. 시험에서 떨어지거나 나쁜 성적을 받을 수도 있지요. 그러나 그것이 전부가 아니에요. 역사 속 인물들은 말해줍니다. 행복은 절대로 성적순이 아니라고.

08 영감과 마누라

무얼 알아볼까요?

마누라 휴대폰이 어디 있더라?
뒤적 뒤적

아빠! 왜 엄마를 마누라라고 불러?
엄마 무시해?

아니야! 어! 엄마가 휴대폰에 아빠를 영감으로 해놨네?

어? 아빠는 늙지도 않았는데 왜 영감이야?
하하하! 영감하고 마누라는 원래 뜻이 지금하고 달라.

단어에 숨은 역사

대중가요 '잘했군 잘했어'

대중가요 '잘했군 잘했어'는 고봉산, 하춘화씨가 부른 노래로 부부간의 다정한 가사가 인상적인 노래에요. 이 노래에서 부인은 남편을 '영감'으로 부르고 있고 남편은 부인을 '마누라'로 부르고 있지요. 지금은 일반 사람들이 친숙하게 부르는 호칭이지만, 정말 아무나 사용할 수 있는 호칭은 아니었어요.

'영감'과 '마누라'는 과거 신분이 높은 사람만 사용할 수 있었던 용어로 신분이 낮았던 사람들은 공식적으로 사용하기가 어려웠지요.

영감

우리가 역사 드라마를 보다보면 임금님을 상감마마라고 부르는 것을 종종 볼 수 있어요. 마마는 상대방을 높여주는 높임말이고 '상上'은 '위에 있다.'라는 뜻으로 가장 높은 존재를 나타내주는 표현으로 추측할 수 있지요. 임금님인 상감 아래에는 대감이 있어요. '대大'는 '크다.'는 뜻으로 정1품~정2품의 벼슬을 하고 있는 사람에게 붙여주는 호칭이었어요. 오늘날 공무원과 비교하면 1급~2급 공무원이면서 장관 이상의 자리에 있는 사람을 부를 때 사

18세기 당상관(영감) 흉배

용했다고 볼 수 있지요.

 그렇다면 영감은 무엇일까요? 대감 바로 아래 종2품~정3품의 벼슬을 하고 있는 사람들, 즉 당상관堂上官을 부를 때 쓰는 높임말이었어요. 현재의 장관 바로 아래에 있는 고위 공무원이었다는 사실을 알 수 있어요.

 이렇듯 높은 벼슬을 가진 사람들을 부르는 호칭이 지금처럼 바뀐 이유는 조선 시대까지는 사람들의 평균 수명이 짧았던 것과 연관이 있어요.

 옛날에는 60세 생일잔치인 회갑연을 가장 성대하게 했어요. 일가친척과 회갑연의 주인공을 아는 모든 사람이 모두 모여 축하해주는 일종의 축제와 같았지요. 그렇게 했던 이유는 그만큼 60세 이상 사는 것이 힘들었기 때문이에요. 오늘날처럼 평균 수명이 늘어난 시대에서는 볼 수 없는 풍경이지요.

 평균 수명이 짧았던 조선 시대에 오래 산다는 것은 큰 복이었어요. 국가에서도 이를 축하해주기 위해 조선 중기 이후부터는 80세 이상 노인들에게 특별히 영감의 칭호를 주게 됐어요.

 그러던 것이 조선 후기로 가면서 나이와 상관없이 노인에게 영감이라고 부르게 된 것이지요. 그렇게 된 이유는 두 가지 측면에서 생각할 수 있어요.

첫째는 80세 이상 노인에게 국가에서 영감의 칭호를 준 것처럼 주변 사람들이 장수한 것에 대한 축하의 의미로 나이와 상관없이 사용한 것으로 추측할 수 있지요. 옛날 '이 사람 영감이 다 되었네!'라고 말하면 그 표현은 늙었다고 무시하는 것이 아니라 '오래 살아서 축하하네!'라는 의미로 생각할 수 있어요.

둘째는 조선 후기에 가면 신분제가 무너지면서 양반의 비율이 급격하게 늘어났어요. 그러면서 너도나도 영감이 되어 영감이란 칭호가 널리 사용된 것으로 생각할 수도 있어요.

마누라

흔히 집에서 남편이 부인에게 마누라라고 부르면 부인을 얕잡아 보거나 낮춰 부르는 의미로 사용하는 것이 아닌가 하는 생각이 들 수 있어요. 그러나 사실 마누라는 궁궐에서 높은 사람에게 사용한 가장 높은 말 중의 하나였어요.

그 예로 고종의 아버지인 흥선대원군이 며느리인 명성황후에게 보낸 한글 편지가 있어요. 편지를 살펴보면, 편지를 받는 사람이 '뎐 마누라 전前(대궐의 마누라에게)'로 되어 있지요. 여기서 흥선대원군이 보낸 편지의 마누라는 바로 명성황후에요. 당시 우리나라에서 가장 높은 국모에게 마누라라는 칭호를 사용한 것을 알 수 있지요.

마누라의 시작은 고려 시대에 몽골어인 마노라에서 시작이 된 것으로 알려져 있으나 그 뜻은 정확히 알 수 없어요. 아마도 궁궐에서 사용했던 높은 말인 마마와 비슷한 의미이지 않을까 추측할 뿐이지요. 그러나 앞서 이야기한 영감과 같이 조선 후기 신분제가 무너지면서 중년이 넘은 아내를 허물없이 부르는 말로 변하게 되었어요.

우리에게 영감과 마누라란?

영감과 마누라는 신분과 지위가 높은 사람에게 사용했던 존칭어였지만 시대가 지나면서 영감은 나이든 노인을 지칭하는 말로, 마누라는 남편이 부인을 편하게 대할 때 사용하는 표현으로 의미가 변하였지요. 사람이 쓰는 언어는 시대에 따라 그 의미가 변하기 마련이에요.

고려 시대에 백정은 일반 백성인 농민을 지칭하는 말이었지만 조선 시대부터는 도축업소나 돼지를 잡는 사람을 하는 사람을 낮춰 부르는 말로 변하였고 옥동자는 본래 어린 사내아이를 귀엽게 일컫는 말이었지만 모 개그프로그램에서 옥동자를 웃긴 캐릭터로 묘사하면서 이제는 정반대의 의미가 되었어요.

흥선대원군

단어에 숨은 역사

그렇다고 해서 언어가 가지는 본래 의미대로 일상생활에 사용할 필요가 없어요. 만약 본래의 의미로 일상생활에서 사용한다면 오히려 주변 사람들과 마찰을 일으킬 수 있지요. 만약 현대 사회를 살고 있는 사람이 직업란에 백정으로 쓴다면 많은 사람들이 농민으로 이해할까요? 친구한테 '너는 옥동자야!'라고 하면 칭찬으로 받아들일까요? 언어의 의미는 시대에 따라 변하는 것이에요. 시대에 맞는 적절한 뜻으로 언어를 사용하여 소통하는 것이 중요하지요.

사람

09 자네

무얼 알아볼까요?

혹시 어머니와 아버지가 서로를 뭐라고 부르는지 들어본 적 있나요? '여보', '자기', 아니면 '허니'? 혹은 '집사람', '아내', '바깥양반', '짱구 엄마'처럼 부르기도 하지요. 사랑이 넘치는 닭살 부모님이면 '우리 꼬꼬~' 이러면서 애칭을 쓸지도 모르겠네요.

그러면 이황이나 이이처럼 근엄한 양반집 부부는 서로 어떻게 불렀을까요? 그럴싸한 뭔가가 있을 것 같은데 말이죠. 짠! 여기 그 힌트가 될 수 있는 문서 한 장이 발견되었습니다. 우리 조선 시대의 편지를 한 번 들여다볼까요?

한장의 편지

1998년, 경북 안동에서 집을 지을 땅을 개발하다가 옛 무덤을 하나 발견했어요. 그런데 무덤을 옮기려고 조사하는 과정에서 놀라운 사실들을 알아낼 수 있었답니다. 무덤의 주인공은 31세의 젊은 나이로 죽은 이응태 라는 사람이에요. 그리고 그 안에서 여러 가지 유물과 함께 부인이 남긴 한글 편지가 발견되었어요. 우선 부인이 남편에게 쓴 한글 편지의 내용 중 일부를 읽어 볼게요.

"당신 언제나 나에게 '둘이 머리 희어지도록 살다 함께 죽자'고 하시더니 어찌 날 두고 당신 먼저 가셨나요."

"여보, 다른 사람들도 우리처럼 서로 어여삐 여기고 사랑할까요? 남들도 정말 우리 같을까요?"

"당신을 여의고는 아무리 해도 나는 살수 없어요. 빨리 당신께 가고 싶어요. 나를 데려가 주세요."

"당신을 향한 마음을 이승에서 잊을 수가 없고, 서러운 뜻 한이 없습니다."

"이내 편지 보시고 내 꿈에 와서 자세히 말해주세요."

조선 시대에 부인이 남편에게 이런 편지를 썼다는 사실이 믿겨지나요? 영화나 드라마를 보면 조선 시대에는 결혼식 날 서로의 얼굴을 처음 보고, 애정도 없이 결혼하는 경우가 많은 것 같던데 말이죠. 조금 놀랍지 않나요?

원이 엄마 편지. 원이 엄마 편지 돌판. 원이 엄마 동상

부인이 남편을 얼마나 사랑했는지 알 수 있는 유물도 나왔어요. 관 안에는 미투리라는 신발이 있었어요. 그런데 놀랍게도, 이 신발은 사람의 머리카락으로 만든 것이에요! 남편이 건강이 좋지 않자 부인은 남편이 얼른 건강해져서 이 신발을 신기를 바라는 마음으로 자신의 머리카락을 넣어 만들었던 것 같아요. 안타깝게도 남편이 병을 이기지 못하자 관에 신발을 넣었겠지요.

재미있는 것은 편지에서 부인이 남편을 불렀던 호칭이에요. 조선 시대의 부인들은 남편에게 꼼짝 못하고 '칠거지악'부인이 쫓겨날 수 있는 일곱 가지 악행을 조심하고 '삼종지도'여자는 어릴 땐 아버지를, 결혼하면 남편을, 남편이 죽으면 아들을 따라야 한다는 것를 따르며 살았을 것 같죠? 그런데 이 편지에서 부인은 남편을 '자내(자네)'라고 불렀답니다. 모두 열네 번 남편을 자네라고 했어요. 아, 물론 오늘날처럼 자네가 낮춰 부르는 표현은 아니었어요. 요즘 말로 바꾸면 위에 번역한대로 '당신' 정도의 의미이지요. 그러나 어쨌든 남편을 2인칭 대명사로 불렀다는 건, 적어도 남녀 사이가 서로 대등했다는 의미가 될 수 있겠죠?

미투리

조선 시대 가족생활 속 남녀 모습

본래 고려 시대나 조선 전기까지의 가정은 우리가 흔히 생각하는 남성 중심의 모습이 아니었어요. 적어도 가정 내에서는 남녀 차별이 보이지 않았죠. 조선 시대의 재산 상속 문서인 '분재기'라는 것이 여럿 남아 있어요. 그 중 임진왜란에 대한 기록인 『징비록』을 집필한 서애 유성룡 가문의 분재기를 보면, 아들과 딸이 똑같이 재산을 상속받았음을 알 수 있지요.

오천 원 화폐의 주인공인 율곡 이이의 분재기를 보아도, 재산 상속은 평등하게 대전조선의 법전인 『경국대전』을 의미에 따른다고 나와 있지요. 그러고 보면. 율곡이 태어난 곳도 어머니의 집이었지요. 그 시절엔 여자가 친정에서 출산하고 몇 년을 지내는 것이 그리 낯설지 않았답니다. 이이의 어머니 신사임당은 결혼 후 친정인 오죽헌에서 지내며 자식들을 낳았고 더불어 많은 그림과 시를 남겼어요. 창작 활동을 지속하면서 한 가정의 어머니 역할도 훌륭히 소화한 것이지요.

남녀 차별이 별로 없었음을 보여주는 사례는 그 밖에도 많아요. 당시의 족보에는 남자뿐만 아니라 여자도 기록되었어요. 집안의 며느리와 사위, 친손자와 외손자가 모두 기록된 것이죠. 그래서 어떤 족보에는 그 가문의 성씨보다 다른 성씨가 더 많기도 하답니다. 호적 기재도 남자 먼저 여자 나중이 아니라 태어나는 순서대로 되었어요. 예를 들어 여자가 먼저 태어나면 3녀 2남으로 부르지, 2남 3녀라고 부르지는 않았던 것이에요.

남자를 크게 우대하지 아니하니 굳이 아들을 꼭 낳

율곡이 태어난 강릉 오죽헌

아야 한다는 생각도, 양자를 들이는 일도 없었죠. 딸은 재산을 상속받는 만큼 당연히 제사의 의무도 있었어요. 게다가 시집을 온 여성이 자식 없이 죽으면 여자 집으로 재산을 다시 돌려주었다고 하니, 어쩌면 지금보다도 남녀평등이 잘 실현되었던 것 같네요.

결혼은 어떤 의미일까요?

'장가가다'라는 표현은 있지만 '장가오다'라는 표현은 없지요? 반면에 '시집가다', '시집오다'라는 표현은 둘 다 쓰여요. 남자가 처가(장가)로 가는 것이 당연시되었던 시절을 반영하는 표현들이에요.

최근에는 결혼하면 무조건 남자가 집을 장만하고, 남자 집에서 일을 주관하는 모습들이 많이 사라진 것 같아요. 마치 우리 사회의 전통이 되살아나는 것 같지 않나요? 남녀의 다름은 인정하더라도, 그 인격만큼은 동일하게 보는 눈을 역사를 통해 배우면 좋겠어요.

10 흥청망청

무얼 알아볼까요?

그렇게 용돈을 **흥청망청** 써버리면 다음부턴 용돈 줄일꺼야!

오빠는 뭐하느라 용돈을 다 썼대?

오빠가 좋아하는 가수가 광고하는 빵을 잔뜩 샀대. 거기 있는 스티커 사진 받으려고.
어휴...

에이, **흥청망청** 써버린 정도는 아닌 것 같은데.
흥청망청이 무슨 뜻인데?

'흥청'과 함께 놀다 쫓겨난 임금님

돈이나 물건을 마음대로 함부로 쓸 때 사용하는 '흥청망청'이라는 표현은 조선시대 처음 나타났어요. 바로 조선의 10대 임금인 연산군 때문에 생겨난 말이지요.

연산군의 본명은 이융으로 성종의 맏아들로 태어나 8살에 세자가 되고 19살의 나이에 조선의 왕이 되었어요. 하지만 31살에 폐위되어 강화도 교동으로 쫓겨났지요. 쫓겨난 임금님이기 때문에 태조, 세종처럼 조(祖)나 종(宗)이 들어간 묘호왕이 죽은 뒤에 붙여주는 이름를 받지 못했답니다.

나랏일을 제대로 돌보지 않고 '흥청(興淸)'들과 술 마시고 노는 것을 즐기다 왕의 자리에서 쫓겨난 연산군. 얼마나 엉망진창이었기에 쫓겨나기까지 했을까요? 아무리 그래도 왕인데 말이죠. 근데, 흥청이 뭘까요?

모든 것은 왕인 내 마음대로

연산군은 어려서부터 공부하기를 매우 싫어했대요. 열심히 공부해야 한다는 조언을 하는 신하들을 늘 못마땅하게 여겼고, 아버지인 성종에게 꾸지람을 듣자 아프다는 핑계를 대며 아버지가 불러도 가지 않았답니다.

경복궁에서 연회가 열리던 경회루

왕이 된 후에도 나라와 백성을 위한 정치에 힘쓰기 보다는 사냥과 잔치를 즐기고 노는 데 관심을 기울였어요. 사냥터를 만들거나 사냥에 쓰일 가축을 기를 풀밭을 만들기 위해 백성들이 살고 있는 마을을 없애고 사람들을 쫓아내 버렸어요. 뿐만 아니라 서울 여기저기 경치 좋은 곳에 정자를 짓고 연못을 파면서 백성들에게 강제로 일을 시켰지요. 백성들은 하루아침에 삶의 터전을 잃고 힘든 노동에 시달려야 했답니다.

이런 연산군에게 학문을 닦고 올바른 정치를 하라며 간언하는 신하들이 많았어요. 간언이란 신하가 임금님에게 옳지 못한 일을 고치도록 권하는 말을 뜻해요. 유교 국가였던 조선의 임금에게, 늘 신하의 간언을 귀 기울여 듣고 자신의 행동을 반성하는 것은 중요한 덕목이었어요. 하지만 연산군은 신하들이 잔소리를 하는 것은 윗사람을 업신여기는 행동이라며 매우 화를 냈어요. 그리고는 환관들과 신하들에게 신언패愼言牌, '신언'은 말을 삼가라는 뜻를 차고

다니며 말조심하라고 압박했어요. 신언패에는 다음과 같은 글이 새겨져 있었다고 해요.

입은 화의 문이요, 혀는 몸을 베는 칼이다.
입을 닫고 혀를 깊이 간직하면
몸이 편안하여 어디서나 굳건하리라.

어머니의 복수를 위하여

 연산군의 잘못된 행동이 늘어날수록 신하들의 간언도 쌓여갔어요. 이런 신하들에게 연산군은 자신의 힘을 제대로 보여주고 싶었어요. 때마침 연산군에게 아첨하며 권력을 잡고 있던 간신 임사홍은 이 기회에 자신을 비난하는 세력을 제거하자 했어요.
 사실 연산군의 친어머니였던 윤씨성종의 왕비는 행실이 바르지 못하다는 이유로 폐비가 되어 쫓겨났다가 사약을 받고 죽었어요. 당시 4살밖에 되지 않았던 연산군은 새로운 왕비를 친어머니로 알고 지내다 왕이 된 직후에야 친어머니에 대한 진실을 알게 되었대요. 친어머니의 진실을 알게 된 날은 수라도 들지 않고 슬퍼했답니다. 임사홍은 연산군에게 친어머니가 왕비의 자리에서 쫓겨나고 죽게 된 것이 후궁들과 신하들의 모함 때문이라고 이간질 했어요.
 화가 난 연산군은 아버지 성종의 후궁이었던 귀인

엄씨와 귀인 정씨를 잡아다가 묶어 두고는 정씨의 두 아들에게 직접 때리게 하였어요. 아들이 어머니를 알아보고 차마 때리지 못하자 사람을 시켜 마구 때리고 결국 죽게 만들었지요. 폐비 윤씨 사건에 관계된 사람들을 잡아 죽이고 이미 죽은 사람의 경우 무덤에서 시신을 파내어 시체의 목을 베게 했어요.

1504년 갑자년에 일어나 '갑자사화'라 불리는 이 사건 때문에 수많은 사람들이 희생되었어요. 이후 조정에서는 바른 말을 하는 신하를 찾아보기 어려워졌고 임사홍 같은 간신들이 정권을 잡고 나랏일을 좌지우지 했지요.

폭군의 최후

갑자사화 이후 연산군의 횡포는 더욱 심해졌어요. 춤추며 노래하기를 좋아했던 연산군은 채홍준사採紅駿使라는 관리를 파견하여 전국에 노래를 잘하고 악기를 잘 다루는 기생들을 뽑아 바치게 했어요. 이렇게 뽑힌 기생들 중에서도 특히 예쁘고 재주가 뛰어난 기생들을 '흥청興淸'이라고 부르며 가까이 두고 궁궐 안에 각종 잔치에 참여하게 했지요.

연산군의 포악한 정치를 견디지 못한 신하들 중 일부가 결국 연산군을 쫓아내고 동생

연산군 부부 무덤

인 진성대군 이역을 새로운 왕으로 세웠어요. 그가 바로 중종입니다. 연산군은 강화도 근처의 섬 교동도라는 곳에 갇힌 지 얼마 되지 않아 숨을 거두게 되었어요. 이때부터 사람들은 흥청과 놀아나다 결국 나라와 자신을 망쳐버린 연산군을 욕하며 '흥청망청'이라는 말을 쓰기 시작했대요.

나라의 주인은 누구

연산군을 몰아내는 거사가 일어나던 날, 소식을 들은 사람들이 거리로 몰려나와 길을 가득 메웠어요. 아무리 왕이라 한들 잘못된 정치로 나라를 망친다면 바로 잡아야 한다는 생각에 많은 사람이 공감했었나 봐요.

우리가 살고 있는 대한민국도 마찬가지예요. 부정선거를 일으킨 대통령이 국민들의 반발에 물러나기도 했고, 부정부패를 저지른 대통령이 국민들의 비판을 받고 탄핵된 일도 있어요. 국민의 손으로 직접 뽑은 정치인들이 자기의 의무를 성실히 수행하는지, 혹시 자신의 이익만을 위해 잘못을 저지르는 것은 아닌지 관심을 가지고 살펴보아야 해요. 그건 바로, 우리가 나라의 주인이기 때문이랍니다.

공간

01 막장

02 안성맞춤

03 어영부영

04 우골탑

05 함흥차사

11 막장

무얼 알아볼까요?

막장 인생, 막장 드라마

"와~ 이거 완전 막장이네!"
"막장 드라마 아니야?"

이런 표현 들어봤지요? 보통 대단히 힘들 때나 어려움에 빠졌을 때, 혹은 이해가 안 되는 일이 벌어졌을 때 '막장'이라는 말을 쓰지요. 갈 데까지 간 인생을 '막장 인생', 상식 밖 이야기가 나오는 드라마를 '막장 드라마'라고 부르는 것도 비슷한 맥락이에요.

막다른 곳, 막장

국어사전을 찾아보면, 막장은 '갱도의 막다른 곳'이라는 뜻이래요. 탄광에서 수백 미터를 파고 들어간 가장 깊은 곳이지요. 그곳은 겨우 사람 한 명이 기어서 들어갈 만큼 비좁고 언제 무너질지 모를 위험이 도사리고 있어요. 게다가 지열 때문에 뜨겁고, 흙먼지와 석탄 가루를 몇 시간이고 들이마시며 견뎌야 하는 곳이랍니다. 따라서 경험 많은 광부라도 막장에서 일하는 건 꺼린다고 해요. 막장이 그런 곳이다 보니, 이를 '끝장'이라는 말과 비슷한 뜻으로 쓰는 건지도 모르겠어요.

광산에서 일하는 것은 정말 어려워요. 노동 자체도 힘들지만, 자칫 잘못하면 크게 다치거나 죽을 수도 있어요. 특히 석탄을 캐는 탄광은 일이 무척 고되지요. 광부들은 힘든 일을 하면서도 대우를 잘 받지 못하는 경우가 많았어요. 그래서 '탄광에서 일한다'는 것은 '힘든 삶을 견디며 살아나간다'는 의미로 통하기도 한답니다.

탄광에서 일어난, 눈물 없이는 들을 수 없는 '막장 같은' 이야기를 들어 보실래요? 바로 군함도와 사북탄광 이야기입니다.

지옥섬 이야기

우리나라를 식민지로 만든 일본은 여기저기서 전쟁을 일으켰어요. 1931년에 만주를 침략하고 얼마 뒤에는 중국을 공격하더니, 급기야 1941년에는 미국과 전쟁을 시작했지요. 일본은 이길 수 없는 전쟁에 발을 깊이 들여놓게 되었어요.

젊은이들이 전쟁터에 나가서 일손이 부족해지자, 일본은 우리나라에 '징용령'을 내려 사람들을 강제로 끌고 갔어요. 기록에 따르면 이때 끌려가 노동에 시달린 사람들이 500만 명을 넘는다고 해요.

우리나라 사람들이 강제로 일을 했던 곳 가운데 가장 악명 높은 장소가 '군함도_{일본 이름으로 하시마}'라는 섬이었어요. 이곳에는 미쓰비시 중공업이 운영하는 일본의 대표적인 탄광이 있었어요. 1943년, 일본 정부는 우리나라 사람 수백 명을 군함도의 하시마 탄광으로 끌고 갔어요. 끌려간 사람들은 머나먼 외딴 섬 군함도에서 민족 차별과 학대까지 견뎌야 했어요.

조선인은 머무는 숙소, 임금 등 모든 면에서 차별받았어요. 받아야 할 월급을 떼이기도 일쑤였고 항의하거나 조금이라도 일을 쉬다가 걸리면 채찍으로 두들겨 맞기까지 했다고 해요. 아파도 아프다고 할 수 없고 사고가 나도 제대로 구해주지 않았어요.

군함도

군함도 탄광의 막장에는 조선인들만 들어갔어요. 적지 않은 사람들이 병에 걸리거나 무너진 갱도에 깔려 죽었어요. 조선인은 아파도 아프다고 할 수 없었고 사고가 나도 구조받지 못했지요. 탈출하려다 바다에 빠져 죽거나 경비병이 쏜 총에 희생된 사람도 많았어요. 석탄은 일본의 침략 군대를 앞으로 나아가게 했어요. 그러나 그 석탄에는, 섬에 갇혀 비참하게 일했던 우리나라 사람들의 피눈물이 묻어있었어요.

제국주의 일본이 패망한지 수십 년이 지났지만, 일본은 지금도 그때의 일을 반성하지 않고 있어요. 강제로 끌려가서 일했던 사람들이 흘린 눈물을 언제쯤 닦아줄 수 있을까요?

광부들의 슬픈 아리랑

때는 1980년. 겨울 되면 연탄 때던 그 시절, 석탄은 우리나라를 떠받치는 가장 중요한 연료였어요. 탄광도 광부들도 지금보다 훨씬 많았던 시대였습니다.

*이판저판이 공사판인데
한 많고 설움 많은 탄광에 왔나
아리랑 아리랑 아라리요
아리랑 탄광은 말도 많다*

광부들이 불렀다는 '광부 아리랑'의 한 구절이에요. 무슨 사연이 있었을까요?

나라에서는 이들을 '산업 역군'이라고 치켜세웠지만, 일하는 사람들의 건강과 안전은 항상 뒷전이었어요. 광부들에게 폐병은 그림자처럼 따라다니는 지독한 직업병이었고 매년 사고로 다치거나 목숨을 잃는 사람들이 수천 명이었다고 해요.

강원도 정선의 사북 탄광은 당시 우리나라에서 가장 큰 민영 탄광이었어요. 5천 명이 넘는 광부들이 깊은 산속에 마을을 이루고 이곳에서 일했지요. 아무나 못 하는 고된 일을 해냈지만 광부들이 사는 모습은 가난 그 자체였어요. 그들은 물도 잘 안 나오는 허름한 판잣집에 살면서 간신히 먹고 살 정도의 월급밖에 받지 못했어요. 심지어 월급을 받지 못하는 달도 적지 않았다고 해요. 불만이 가득 쌓인 광부들이 탄광 회사에 항의했으나 회사에서는 어렵게 목소리를 낸 광부들을 오히려 감시하거나 해고해버렸어요.

 1980년 4월, 회사에 항의하려고 모인 사람들에게 경찰이 폭력을 가했어요. 화가 난 광부들은 경찰들을 쫓아내고 사북 탄광을 장악했어요. 이윽고 주변 마을에서 경찰 병력이 모여들어 사북 탄광을 공격했고, 경찰이 쏜 최루탄 연기 사이로 광부들이 던지는 돌덩이가 날아다니는 거친 싸움이 벌어졌습니다. 협상이 이루어지고 광부들의 목소리가 받아들여지는가 했지만, 당시 군인들이 장악한 정부가 군대를 투입하여 광부들을 무식하게 진압하면서 이 사태는 허무하게 막을 내려요. 사람을 노예처럼 다루던, 막장 드라마보다 믿기 힘든 그 시대는 누군가에게는 울지 않을 수 없는 현실이었어요.

다시, 막장

 이제는 연탄도 탄광도 좀처럼 찾아보기 힘든 시대가 되었어요. 하지만 막장에서 일하는 것처럼 어디선가 힘겹게 살아가는 사람들이 여전히 많아요. 막장 드라마는 많이들 보지만 실제로 막장 같은 일상을 이어가야 하는 주변 삶에는 좀처럼 눈길을 주지 않는 것 같습니다. 앞으로 옆에 있는 힘든 이웃들을 돌아보고 그들의 삶에 공감해보는 것은 어떨까요?

12 안성맞춤

무얼 알아볼까요?

안성맞춤의 어원

'내 입에 안성맞춤'이라는 문구로 유명한 라면 광고가 있었죠. 안성맞춤, 우리가 흔히 쓰는 말이긴 한데 그 뜻을 알고 있나요?

경기도에 안성이라는 도시가 있지요. 그 곳은 예로부터 유기라는 그릇이 유명했어요. 유기는 청동기 시대부터 제작되었던 그릇인데, 구리에 주석을 섞어 만든 놋그릇이에요. 유기에 밥을 담으면 추운 겨울에도 잘 식지 않고, 살균력도 매우 좋대요. 유기 제작 기술은 우리나라가 단연 세계 최고인데, 오늘날에도 많은 학자들이 주목하는 매우 우수한 그릇이랍니다. 안성에서는 가죽 꽃신과 함께, 바로 이 유기가 대표적인 특산물이었어요.

그릇을 주문하고 사용하는 사람들은 안성 유기를 접하면 '역시 안성에서 맞춘 유기로군!' 하며 '안성맞춤'이라는 표현을 했대요. 이후 다른 지역 유기 중에서도 잘 만들어진 것을 보면 '안성에서 맞춘 것처럼 잘 만들었다'는 의미로 안성맞춤이라고 표현했고요. 이렇게 만들어진 말인 안성맞춤은, 이제 유기 뿐 아니라 어떤 물건이라도 최상의 것을 표현할 때 쓰이지요.

왕실 제사용으로 사용된 유기

조선 시대 공납과 안성 유기

앞서 안성의 특산물이 유기라고 했죠? 그런데 가만히 보면 우리나라 각 지역마다 특산물이 있는 것을 알 수 있어요. 왜 어떤 지역에서 특별한 물건을 생산하게 되었을까요? 이는 옛 세금 제도와 밀접한 관련이 있답니다. 그 내용을 한번 알아볼까요?

옛날에는 세금이 크게 세 종류가 있었어요. 우선 땅을 가진 사람은 땅에서 나오는 수확량의 일부를 세금으로 냈어요. 이를 전세田稅라고 해요. 그리고 16세 이상 59세 이하의 양인 남성은 나라에서 필요로 할 때 노동력을 제공할 의무가 있었어요. 군대에 가거나, 일을 하러 가거나, 혹은 시기에 따라서는 그 대신 옷감을 내기도 했지요. 마지막 세금은 공납이라는 것입니다. 나라에서 필요로 하는 물건을 할당하면, 그 물건을 마을 공동으로 마련해서 내는 것이었어요. 농산물은 물론 소금, 종이, 돗자리 등등 나라에서 필요로 하는 물품을 만들거나 구입하여 세금으로 납부하는 것이었지요.

안성의 특산물이 유기가 된 것은 바로 마지막 세금 제도인 공납과 관련이 있어요. 세종 5년, 왕실에서 쓰던 그릇을 칠기라 불리는 그릇에서 유기로 바꿔 사용하자는 건의가 들어왔고, 안성이 바로 유기를 담당하는

칠기

지역이 된 것이지요.

　안성 유기는 주변 국가에서도 유명했어요. 명과 일본 사신들은 자신들을 접대할 때 유기를 사용해 달라 부탁했고, 토산물을 가져와 유기로 바꾸어 달라 요구하기도 했어요. 고위 관리들에게 줄 선물로도 유기는 인기였지요.

　안성 유기가 이렇게 유명해졌으니, 안성에서 장이 열리는 날은 왕실에서 사용하는 그릇을 사고자 하는 마음에 모인 사람들로 북적였겠죠?

인기가 높아지면 세금이 늘어난다고?

　사정이 이렇다 보니 좋은 유기는 매우 값이 비쌌어요. 왕실 친척 집에서 유기를 도난당하거나, 심지어 무덤을 파서 유기를 도굴해가는 사건이 일어날 정도였지요. 권력이나 돈이 있는 조금이라도 사람들은 안성 유기를 갖고 싶어 했고, 왕실 사람들이나 관리들은 더욱 그러했지요.

　시간이 흐를수록 안성 유기에 대한 공납의 양이 증가했어요. 조선 시대 공납은 1년 동안 왕실에서 소비될 것을 미리 계산하여 납부하도록 했는데, 유기의 용도와 이를 요구하는 사람들이 늘어났기 때문이에요. 결국 안성 유기의 인기 때문에 안성 사람들은 세금 부담이 늘어난 것이지요.

여기서 잠깐, 그럼 안성 사람들은 다른 지역 사람들보다 세금을 더 내게 되는 건가? 네, 맞아요. 공납을 돈이 아닌 물건으로 내다보니, 어떤 물품을 담당하느냐에 따라 부담이 천차만별이었어요.

예를 들어 감을 내던 어떤 지역에 병충해가 돌아 감나무가 다 죽어 이듬해부터 배나무를 심었다고 쳐요. 그럼 나라에서는 감 대신 배를 받아야 하겠지만, 실제 그렇지 않았어요. 여전히 감을 내게 했지요. 그럼 그 마을 사람들은 어떻게 했을까요? 결국 상인들에게 감을 사서 내야 했답니다. 상인에게 사서 내자면 그 값은 직접 생산한 물건을 내는 것보다 비쌀 수밖에 없었어요. 게다가 중간 관리들이 이 상인들과 짜고, 주민들에게 바가지를 씌우는 경우가 많았지요. 일부러 나지 않는 물건을 내라 하면서, 특정 상인에게 비싼 값에 물건을 사도록 강요하는 방식으로요.

실제로 명종 때에는 이런 일이 있었어요.

평안도와 함경도의 특산물 중에 사다새라는 새가 있어요. 이 새의 살이 약재로 쓰이기 때문에 매우 귀한 물품이었죠. 그런데 어느 날 사다새 한 마리가 우연히 전라도 해안가에서 잡혔어요. 그러자 나라에서는 앞으로 전라도 지방도 사다새를 공납으로 바치라고 명령을 내린 거예요. 결국 전라도 사람들은 사다새를 비싼 값에 구입해서 특산물로 바쳤답니다.

대동법의 시행

공납 제도의 문제는 고스란히 백성들의 부담으로 이어졌고, 이는 나라에도 큰 골칫거리였어요. 어떻게 하면 중간 관리들의 비리를 없애고 백성들의 고충을 덜어 줄 것인지 고민하던 조선 정부는, 결국 특산물 세를 없애기로 결정했어요. 대신 세금을 쌀 혹은 옷감이나 돈로 걷어 필요한 물품을 나라에서 직접 구매하기로 했지요. 이 제도가 대동법이에요.

대동법은 땅을 기준으로 세금을 매겼답니다. 즉 땅이 많은 사람은 세금도 많이 내야 했고, 가난한 사람은 세금을 적게 냈어요. 그래서 땅이 많은 지주나 양반들은 이 제도를 무척 싫어했어요. 대동법은 1608년 경기도에서 시범적으로 시행되었는데, 전국으로 확대되는데 무려 100년이 걸렸답니다. 백성들에게 참 좋은 법이었는데, 당시 돈과 권력을 가진 사람들은 이 법이 실시되는 것을 반대했답니다.

오늘날 세금 중에도 많이 버는 사람들이 더 많은 세금을 내는 제도들이 있어요.

'많이 가진 사람이 더 많은 세금을 내야한다.'는 법에 대해 여러분은 어떻게 생각하시나요?

어영부영

오늘 엄마 좀 도와줘. 시장을 봐야 해.

어영부영하지 말고 서둘러!

어영부영이 뭐야?

어영부영이란?

'어영부영하지 말고 잘 좀 해.'(음, 뭔가 열심히 안 하는군.) 이런 말 들어보셨나요? 어영부영은 아무 생각 없이 그냥 되는대로 행동하는 것을 나타내는 단어에요. 몸을 느릿느릿 움직이거나 일을 대충하면 어영부영한다고 표현하지요.

어영부영御營不營은 어영비영御營非營이 바뀐 말인데요, 바로 조선 시대의 군대와 관련된 단어입니다.

어영御營은 '임금을 지키는 군대'예요. 부영不營은 '군대가 아니다'라는 뜻이고요. 그러니 어영부영을 풀이하면 '임금을 지키는 어영은 군대가 아니다'라는 뜻이지요. 도대체 무슨 사정이 있었던 걸까요?

어영부영이라는 말의 유래

조선 인조 임금 때 이괄이라는 인물이 난을 일으켰어요. 인조는 광해군을 내쫓고 왕위에 올랐는데, 이 때 공을 세운 인물 중 한명이 이괄이었지요. 그런데 이괄은 인조가 왕이 된 뒤 자신을 홀대했다고 생각을 했고, 결국 반란을 일으켰어요.

인조는 난을 피해 급히 한성을 버리고 충청남도 공주로 도망을 쳤어요. 그런데 너무 급히 도망친 나머지, 주변에 임금을 지키는 군대인 어영의 수가 부족했답니다. 그래서 공주 인근의 청장년

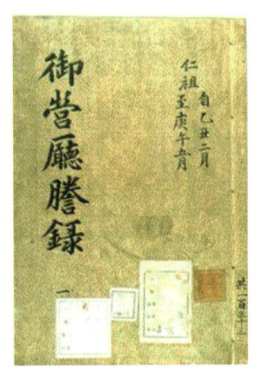

어영청 등록

들에게 포수 훈련을 시켜 대략 600여 명의 어영군을 만들었어요.

　농사를 짓거나 사냥을 하던 포수들을 급히 모아 군대를 만들었으니, 사람들이 뭐라 했겠어요? 이에 대해 사람들은 비아냥거리며 '어영이 무슨 영이여? 어영은 영이 아니여, 어영부영!'이라고 말했다는군요.

　어영부영의 어원에 대한 또 다른 설명이 있어요. 근대 문물이 들어오던 1880년대에, 조선에는 신식 군대인 별기군이 만들어졌어요. 그리고 기존의 구식 군대는 찬밥 신세가 되었지요. 훈련도 제대로 못 받던 구식 군대는 사람들이 볼 때 군대 같지 않았나 봐요. 이에 구식 군대 중 최고 부대였던 어영청을 콕 찍어, '어영은 군대도 아니다'라는 말로 표현했다는 것이지요.

조선 시대의 '5군영'

　어영청은 조선의 중앙 군대 중 하나입니다. 조선의 중앙 군대는 다섯 개가 있었는데, 하나씩 알아볼까요?

　조선 초 만든 5개의 중앙 군대전, 후, 좌, 우, 중의 5위는 오랜 기간 전쟁 없이 지내며 기강이 많이 문란해졌어요. 그러다가 임진왜란 때 일본의 조총 부대, 병자호란 때 여진족의 기병대에게 크게 패배하고 말았지요. 이 전쟁을 겪으며 조선의 중앙 군대는 새롭게 개편되었어요. 그 결과 조선 후기에는 훈련도감,

> 단어에 숨은 역사

어영청, 총융청, 수어청, 금위영의 다섯 개 부대가 새로 생겼답니다. 이중 훈련도감과 어영청, 금위영은 왕실과 한성을 방어하는 중요한 임무를 맡은 정예 부대로, 특별히 삼군문三軍門이라고 불렸지요.

훈련도감은 임진왜란 때, 일본의 조총 부대에 대항하기 위해 만들어졌어요. 총을 다루는 포수, 창과 칼을 무기로 하는 살수, 활을 쏘는 사수로 구성되어 삼수군이라고도 불렀어요.

어영청은 인조가 왕이 된 후, 이귀라는 사람이 인조를 지키기 위해 장정을 모아 조직한 어융사가 시초였죠. 앞서 말한 이괄의 난 때 어융사를 기반으로 피난지에서 어영군을 급히 만들었고, 서울로 돌아온 뒤에는 어영청이 되었어요. 이후 효종 때 병자호란을 복수하고자 북벌을 준비하면서 5군영 중 최고 부대가 되었어요.

총융청은 경기도 북부 일대를, 수어청은 경기도 남부 일대를 지키는 부대였어요. 지금도 남한산성에 수어장대가 남아있어서 당시 수어청의 위엄이 어떠했는지 보여주고 있지요.

금위영은 5군영 중 제일 늦게 만들어졌어요. 숙종 때 한성을 보호하고자 만들었는데, 이후 어영청과 쌍벽을 이루는 핵심 부대가 되었어요.

공간

남한산성 수어장대

5군영의 해체와 군대의 개혁

훈련받는 별기군

19세기 서양 여러 나라가 아시아를 침략하는 상황에서, 신식 군대와 무기를 준비해야 한다는 목소리가 높아졌어요. 청나라가 영국에 패배한 뒤 무기 개발에 힘을 기울였던 것도 우리나라에 큰 영향을 주었지요. 그래서 만들어진 신식 군대가 별기군이었습니다.

기존에 중앙 군대의 역할을 하던 5군영은 별기군 뒷전으로 밀려났어요. 5군영은 무위영과 장어영 2개로 통합되었고, 식량이나 무기 지급은 물론 급여에서도 차별을 받았어요. 심지어 나라 살림이 궁핍해지자, 구식 군인들은 13개월 동안 급여를 받지 못하는 상황이 발생했답니다.

1882년, 군대도 아니라는 비아냥을 받던 옛 어영청 군인들이 중심이 되어 난을 일으켰어요. 구식 군인들은 정치인, 별기군의 군인들, 일본인 교관을 죽이고 궁궐을 공격했어요. 왕비는 도망치고 도성 전체가 한동안 혼란에 빠졌습니다. 1년여 간 지속된 군대 개혁을 수포로 만든 이 사건이 임오군란입니다.

임오군란을 진압한 것은 청나라 군대였습니다. 그리고 청나라 군대는 난을 진압한 뒤에도 제 나라로 돌아가지 않았어요. 우리나라 정치에 심각하게 간섭했고, 조선의 군대를 비롯한 각종 제도는 청나라의 뜻대로 만들어졌어요. 그 뒤 일본이 청나라와의 전쟁에서 승리하자, 이번에는 일본이 내정 간섭을 했어요. 우리나라 군대는 일본식으로 바뀌었지요. 이 같은 과정 속에서 조선의 구식 군대는 역사 속으로 사라지고 말았답니다.

생각의 전환

근대기의 격변 속에서, 새로운 제도나 문물을 받아들이는 것은 꼭 필요한 일이었을 거예요. 그러나 그렇다고 해서, 기존의 전통을 '구식'이라고 무시해도 좋았을까요?

종래의 군대를 구식이라 비꼬며 사용한 말이 어영부영이지요. 다시 말해 어영부영은 기존의 것은 낡은 것이라 여기고 차별하며 만들어진 말이에요. 이 같은 차별과 무시는 당연히 갈등과 혼란을 일으킬 수밖에 없었을 겁니다.

만약 별기군을 만들어 운영하면서도 기존의 군대를 활용하거나 적어도 차별하지 않았다면 어땠을까요? 그럼 적어도 같은 조선 군인들끼리 죽이는 일은 없었겠지요? 그리고 어쩌면, 청나라 군대, 일본 군대가 우리나라에 들어올 일이 없었을 지도 몰라요.

14 우골탑

무얼 알아볼까요?

● 단어에 숨은 역사

소 우[牛], 뼈 골[骨], 탑 탑[塔]. 소의 뼈로 만든 탑이라는 뜻의 우골탑을 아시나요? 예전에 가난한 시골에서 자식을 대학에 보내려면 소를 팔아 마련한 돈으로 등록금을 마련했어요. 대학은 이 돈으로 건물을 많이 지었지요. 그래서 소 팔아 보낸 돈으로 번창하는 대학을 조금 나쁜 뜻으로 부른 것이 우골탑이에요.

농민들은 농사에 꼭 필요한 소를 팔아서라도 자식들만큼은 대학에 보내려고 했어요. 도대체 왜 그랬는지, 우리나라에서 대학의 의미는 무엇인지 한 번 생각해보아요.

일제의 교육 정책

우리나라의 주권을 강제로 빼앗은 일본은 고민에 빠졌어요. 한국인들은 일본인보다 교육 수준이 높았고, 그렇다보니 일본이 통치하기가 여간 어렵지 않았거든요. 그래서 우리나라의 학교 설립을 막고, 한국인의 교육 기회를 빼앗으려 했어요. 뜻이 있는 많은 분들이 개인적으로 크고 작은 사립학교를 짓거나 서당을 근대적으로 고쳐 교육을 이어나가고자 했지만, 일본은 각종 법령을 만들어 그마저도 문을 닫게 만들었어요. 게다가 한국인은 초등학교와 기술학교, 직업학교 이상의 고등 교육 기관에는 진학할 수 없게 했답니다.

3.1 운동이 일어나자 조선총독부는 민심을 달래고 어를 목적으로 교육에 대한 법령을 바꾸었어요.

공간

3개의 면마다 1개의 공립보통학교현재의 중학교와 비슷를 만든다고 하면서 1925년까지 매년 평균 100개 이상의 학교를 지었지요. 하지만 고등교육을 받을 수 있는 대학교는 설립하지 않았어요.

민립대학 설립 운동

대한제국 말기에 박은식, 양기탁, 남궁억 등 뜻있는 계몽가들은 600만원을 모금하여 대학을 설립하려는 준비를 했어요. 그러나 나라를 빼앗기고 일본의 강압적인 정책에 눌려 뜻을 이루지 못했지요. 그러다가 3.1 운동 이후 일본의 법이 느슨해지자, 다시 대학을 설립하려는 움직임이 나타났어요.

1920년대에 이상재, 한규설 등 100명이 주축이 되어 우리 손으로 민립대학을 설립하자는 운동이 일어났어요. 구체적인 대학 설립 계획서가 만들어졌는데, 자본금 1000만원을 모으기로 하고 전국적 모금 운동을 전개하기로 했지요. '한민족 1,000만이 한 사람 1원씩'이라는 구호와 함께 추진된 이 운동은 실제로 사람들의 호응을 얻었습니다.

그런데 약간의 문제가 있었어요. 어떤 사람들은 이런 생각을 했지요. '아니, 지금 우리는 한글도 떼지 못하고 기본적인 교육도 받지 못하는데, 대학이 웬 말이람!' 맞아요. 바로 농민이나 노동자, 생계가 어려운 사람들에게 대학은 먼 이야기였거든요. 여기에 공감한 사람들은 대학 설립에 힘을 보태기보다는 노동자들을 위한 강습소, 농촌의 야학과 간이학교, 학비를 스스로 벌어서 고생하며 공부하는 고학생들의 합숙소 등에 더 많은 관심을 가지기도 했어요.

조선민립대학기성회 창립총회 기념

엎친 데 덮친 격으로, 1923년 여름에 홍수가 났고, 그해 9월에는 일본에서 관동대지진이 일어나 우리나라 경제 사정까지 나빠지고 말았어요. 이듬해에는 다시 가뭄과 홍수가 연이어 일어났죠. 모금 운동은 부진해질 수밖에 없었답니다.

경성제국대학 설립

일본은 민립대학 설립 운동이 단순한 교육 운동이 아닌 독립 운동이라고 판단하고 방해했어요. 그리고 한편으로 조선인을 회유하기 위한 술책을 벌였지요. 바로 일본이 주축이 된 대학을 설립해 주는 것이었어요. 그렇게 만들어진 학교가 1924년에 문을 연 경성제국대학이었답니다.

이 학교에서는 일본에 적극 협력하는 뛰어난 인재를 양성하고 한편으로 조선이 왜 식민지가 되어야 하는가에 대한 구실들을 만들어 홍보했어요. 교수는 전원 일본인이었고, 3년제 법문학부(법과, 철학과, 사학과, 문과)와 4년제 의학부만 두었을 뿐 과학과 고등 기술에 관한 학부는 두지 않았답니다. 법관이나 의사는 일본의 통치에 협조하며 활동하는 단순

기술직이었고, 사학 등은 주로 일본의 식민 지배를 합리화하는 이론을 만들어내기 위해 사용되었지요.

지금도 대학 입학이 쉬운 일은 아니지만, 당시 전국에 하나 뿐인 이 학교에 입학하는 것은 정말 어려웠어요. 첫 신입생 180명을 모집하는데 647명이 응시했대요. 그 중 조선인 학생은 44명. 게다가 입학을 위해서는 사상 및 신분 검증을 받아야 했어요. 입학식 날이면 지방에서 올라온 도지사들, 고관대작이 운집해 문간에 자동차가 즐비했답니다.

1945년 광복이 될 때까지 경성제국대학을 졸업한 전체 숫자는 2300여 명이고 그중 한국인은 810명이에요. 한국인 졸업생은 대부분 조선총독부나 관련 기관에서 일을 했으니 출세길이 열려 있었지요. 일본이 이 학교를 설립한 목적이 뻔히 들여다보이지 않나요?

어쨌든 이 같은 분위기에서, 대학을 졸업한 사람들은 엄청난 특권 의식을 갖게 되었어요. 대학이 학문을 연구하는 곳이 아닌 출세의 도구가 된 것이지요. 이 경성제국대학은 광복 후 서울대학교로 바뀌었어요. 물론 오랜 시간을 거치며 많은 변화가 있었지만, 우리나라를 대표하는 국립대학의 뿌리가 경성제국대학에 있다는 건 좀 씁쓸한 일이 아닐 수 없네요.

경성제국대학 예과 교사

나에게 대학은?

　광복 후에도 여전히 서민들은 정말 먹고 살기 힘들었지만, 그들의 마음속에 대학은 곧 출세의 지름길이었어요. 그러니 자식만큼은 대학에 보내 나와 다른 삶을 살게 해주고 싶은 부모님들이 많았지요. 소도 팔고, 땅도 팔아 자식을 대학에 보내려 했던 이유입니다.

　지금 우리나라는 대학 진학이 거의 필수인 것처럼 되어 버렸어요. 현재 전국에 4년제 일반대학 191개, 교육대학 10개, 산업대학 2개, 사관학교, 경찰대학, 과학기술원 등이 14개. 전문대학이 137개 있습니다. 정말 많지요? 그리고 이 많은 대학들은 성적에 따라 순위가 매겨져 있고, 재학생과 졸업생끼리 매우 끈끈한 관계를 맺고 있지요. '학벌'주의라는 말 들어보셨죠? 학교로 맺어진 관계가 매우 중시되는 사회라는 뜻이에요. 대학에 일단 들어가면 그 후 그 대학의 이름을 등에 업고 살아가는 경우가 많아요. 어떤 사람의 능력이나 성향이 그 사람이 졸업한 대학에 따라 판단되는 경우도 있지요.

　우리 한 번쯤 생각해보면 좋겠어요. 대학은 큰 학문을 하는 곳이니, 사실 그 이름이 아니라 그 안의 배움을 위해 가는 곳이지요. 우리는 대학 진학을 위해 정말 엄청난 노력을 기울이는데, 진정 진학의 목적은 어디에 있나요? 우리 선조들은 배움에 대한 열망이 대단했지만, 배우고 싶어도 배울 수 없는 때가 많았습니다. 대학에 들어가서 진정한 배움을 이루도록 열심히 노력하면 좋겠습니다.

15 함흥차사

무얼 알아볼까요?

불러도 대답 없는 그 사람

어디로 갔는지. 무얼 하는지. 떠나가고서는 소식 없는 그 사람. 찾을 길 없고 불러도 대답 없는 그 사람!

이런 사람을 때때로 함흥차사라고 표현하곤 하는데요. 왜 함흥차사라는 말을 쓰게 되었을까요?

함흥은 동네 이름이고, 차사는 임금이 보낸 사신이에요. 지금부터 풀어나갈 함흥차사의 이야기에는 조선이 막 세워졌을 무렵 왕이 함흥에 숨어버린 자기 아버지를 애타게 찾았던, 슬프면서도 무서운 사연이 숨어 있어요.

아들이 아버지를 찾아 함흥에 차사를 보내면 아버지는 자기를 찾아온 차사를 죽였다는 이야기가 있어요. 그래서 함흥차사는 떠나서 돌아오지 않는 사람을 뜻하는 말이 되었다고 합니다. 죽은 사람이 돌아올 리 없으니까요.

이 사연은 진짜일까요? 대체 아들이 무슨 잘못을 저질렀기에, 아버지는 아들을 이렇게 매몰차게 뿌리치려고 했을까요?

형제들의 잔혹 드라마

1392년, 태조 이성계가 고려를 무너뜨리고 조선 왕조를 열었어요. 잔혹한 싸움 끝에 세워진 나라였기에 사람들은 앞으로 새 나라에서만큼은 평화가 오래오래 이어지기를 바랐어요. 그러나 곧 다른 비극이 찾아왔어요.

문제의 씨앗은 왕이 뿌렸어요. 왕위를 이을 세자를 정하는 문제가 비극의 시작이었지요.

태조에게는 부인이 두 명 있었어요. 먼저 맞은 첫째 부인이 아들 여섯 명을, 나중에 맞은 둘째 부인이 아들 두 명을 낳았습니다. 보통 다음 왕이 될 세자는 첫째 아들로 정하기 마련인데, 첫째 아들은 조선이 막 세워질 무렵 병으로 이미 죽은 상태였어요. 당시 사람들이 가장 유력하게 생각한 세자 후보는 둘째 방과와 다섯째 방원이었어요. 방과는 사실상 맏아들이었고, 방원은 태조를 도와 조선 건국에 가장 큰 공을 세운 아들이었지요.

그러나 태조는 모두의 예상을 뒤엎고 둘째 부인이 낳은 막내아들 방석을 세자로 세웠어요. 태조가 그렇게 정한 이유는 정확하게 알 수 없지만, 첫째 부인의 아들들이 당연히 이 결정에 크게 반발했겠지요?

가장 큰 불만을 품은 왕자는 다섯째 방원이었어요. 이방원은 이윽고 자기 부하들을 데리고 도성에서 군사를 두 차례 일으켰지요. 한 번은 막내 동생 방석을 세자 자리에서 끌어내 죽이고 둘째 형 방과를 세자로 세운 다음 아버지의 양위를 받아 조선 2대 국왕 정종으로 만들었고1차 왕자의 난, 다음에는 자기를 질투해서 반란을 일으킨 넷째 형 방간을 제거하고 둘째 형에게서 왕위를 양보 받아 3대 국왕 태종이 되는데 성공해요2차 왕자의 난.

아버지의 뒷모습

형제들이 왕이 되려고 서로를 공격하고 죽이는 잔혹극과 함께 조선의 새 아침이 밝았어요. 힘든 싸움을 거쳐 나라를 세운 태조는 아들들이 서로 싸우는 모습을 보고 어떤 생각을 했을까요?

태조 이성계는 방원이 왕위에 오르자 모든 것을 내려놓은 듯 한양을 떠났습니다. 이곳저곳 돌아다니던 그는 함흥으로 발길을 옮겼어요. 함흥은 이성계가 자란 고향이었어요.

그런데 또 일이 터졌어요. 문제는 태조가 함흥으로 이동한 타이밍이었지요.

이성계가 함흥으로 가던 바로 그때, 함흥을 중심으로 반란이 크게 일어났어요. 그 일대를 통치하던 조사의라는 사람이 주동자였는데요, 하필 조사의가 태조 이성계 둘째 부인의 친척이었던 게 사람들의 입방아에 올랐습니다.

게다가 반란이 일어난 함흥에 이성계가 유유히 들어가서 반란군과 함께 머무르고 있다는 사실이 태종에게 큰 부담이 되었어요. 자칫 잘못하면 나라를 세운 아버지가 지금 왕을 인정하기 싫어서 아들과 싸우는 모양새로 비춰질 수 있는 상황이었어요.

함흥차사는 없다

발등에 불이 떨어진 태종은 부랴부랴 차사를 몇 차례 함흥으로 보내 태조를 도성으로 돌아오게 설득하려고 했어요. 하지만 차사들은 번번이 반란군에게 막혀 태조를 만나지 못하고 그냥 돌아와야 했어요. 태종이 반란을 완전히 진압하고서야 태조는 태종이 보낸 사자를 만나 한양으로 돌아오게 되었지요.

아들 태종이 함흥으로 보낸 차사를 아버지 태조가 죽인 일은 실제 역사에서 일어나지 않았습니다. 태종이 보낸 차사는 태조를 실제로 만나지도 못했고, 따라서 태조가 차사를 죽인 일도 없었지요. 그런데도 돌아오지 않는 차사에 대한 전설, 함흥차사 이야기는 왜 생긴 것일까요?

권력이란 무엇인가

　권력은 참으로 무섭습니다. 마음에 두지 않으면 아무 것도 아닌데, 일단 욕심을 부리기 시작하면 형제도 죽이고 부모도 등지게 만드니까 말이에요. 왕이 되기 위해 가족도 죽이는 권력자들의 비정함을 목격했던 사람들의 마음이, 있지도 않았던 함흥차사 이야기를 만들어 내고 퍼지게 한 건 아닐까요?

　때때로 어떤 이들은 권력을 좇아 모든 것을 내던지곤 합니다. 하지만 가끔 대체 무엇을 위해 권력을 가지고 싶어 하는 것인지 이해가 잘 안 되기도 해요. 행복은 먼 곳에 있는 게 아닌데 말이지요. 살아가면서 찾아야 할 가장 중요한 가치가 무엇일까요? 여러분의 생각은 어떤가요?

조선을 세운 태조 이성계. 그는 자기가 세운 나라에서 아들들이 피바람을 일으키는 모습을 힘없이 바라만 봐야 했습니다.

시대와 사건

01 개판 5분전
02 보릿고개
03 사바사바
04 육시럴
05 을씨년
06 이판사판

16 개판 5분전

무얼 알아볼까요?

개판? 멍멍이 판?

'이거, 개판 5분전이구만!'

많이 들어 본 소리죠? 교실이 아주 시끌벅적하고 혼잡한 상황일 때, 혹은 여러분 방이 잔뜩 어지럽혀 있을 때, 선생님이나 부모님께서 이런 표현을 쓰실 거예요. 여러분은 혹시 앞의 어머니처럼 '개판'의 '개'를 멍멍이로 생각하지 않으셨나요?

'개판'의 어원에 대해서는 두 가지 설명이 있어요. 하나는 씨름판에서 유래했다는 설명이에요. 시합이 무효가 되었을 때 다시 하자는 의미로, '고칠 개改' 자를 써서 '개판하자'고 했던 게 변한 말이라는 것이지요. 또 하나는 우리 역사의 가장 슬픈 사건 중 하나인 6·25 전쟁과 관련한 설명입니다. 전쟁 중에 피난민들에게 식사를 배급했는데요, 그 때 소리쳤던 단어 중에 바로 이 '개판'이 있었습니다. 언제, 왜 그런 단어를 썼는지 알아볼까요?

6 · 25 전쟁과 개판 5분 전

1945년에 일본이 패망하자, 우리나라는 광복을 맞았습니다. 그러나 그 기쁨도 잠시, 우리나라는 이내 북위 38도선을 기준으로 남북으로 나뉘었고 각각 미국과 소련이 통치하는 나라가 되었어요. 미국과 소련은 자본주의 진영과 공산주의 진영을 대표하는 나라였어요. 세계 곳곳에서 충돌을 빚을 정도로 사이가 매우 안 좋았지요.

 우리나라는 광복을 맞이한 지 불과 5년 만에 전쟁의 포화에 휩싸였어요. 소련의 지원을 받은 북한군이 남쪽으로 쳐들어 온 것이지요. 미처 전쟁 준비를 하지 못했던 남한 정부와 국군은 전쟁이 시작된 지 3일 만에 서울을 함락당했고, 한 달여 만에 낙동강 지역까지 후퇴했어요.

 전쟁통에 많은 피난민이 생겨났어요. 모든 물자가 부족했지만 특히 식량 사정이 제일 심각했죠. 정부는 피난민들에게 무료 급식을 해 주었어요. 밥을 나눠주는 급식소 앞은 늘 피난민들로 가득했지요. 시계가 없었던 사람들은 일찌감치 급식소 앞에 도착해 밥을 기다렸고, 그 곳은 매우 무질서하고 시끄러웠답니다.

 그 때 밥솥의 뚜껑[판]을 여는[개開] 시간을 알려주기 위해 누군가가 종을 치며 소리를 질렀어요.

 "개판 5분 전! 개판 5분 전!"

 이 소리를 들은 사람들이 급식대로 몰려드는 모습은 그야말로 개[犬] 판이 되었다 네요.

피난촌 부산의 삶

 6 · 25 전쟁 때 피난민들은 후퇴하는 국군과 정부를 따라 부산으로 몰려들었어요. 특히 1951년 1 · 4

후퇴 때 미군 함정은 많은 사람들을 부산으로 실어 날랐어요. 일시에 많은 사람들이 몰려들자 임시 수도인 부산은 그야말로 '개판 5분전'이 되었어요. 사람들은 이곳저곳에 판자로 임시 거처를 짓고 살았어요.

부산광역시 중앙동에 가면 '40계단'이라는 곳이 있어요. 이곳에 무료 급식소가 있었답니다. 항구와 가깝다보니 구호품이 들어오기도 쉬웠고, 또 일자리를 구할 수 있는 곳이기도 했대요. 사람들은 일자리도 구하고 무료로 한 끼를 해결 할 수 있는 40계단으로 모여 들었어요.

부산 40계단

부산의 유명한 관광지인 국제시장의 이름도 이 때 만들어졌어요. 사람들이 몰리는 곳에 미군 보급품을 파는 시장이 형성되었는데, 점차 미국 물건 외에 전쟁을 도와준 다른 나라의 보급품들도 등장했지요. 그래서 그 시장을 여러 나라의 물건을 판매하는 시장, 국제시장이라고 부르게 된 거에요.

고향으로 가고 싶은 사람들

전쟁이 길어지자 사람들은 전쟁이 끝나면 북쪽 고향을 돌아가기 위해, 새로운 곳으로 거처를 옮겼어요. 대표적인 곳이 북쪽으로 가기 편한 인천과 속초랍니다.

인천 북성포구 앞에 있는 목재소

인천광역시에 있는 북성포구 마을에는 황해도에서 피난 온 사람들이 정착했어요. 사람들이 늘어나자 화장실이 문제였어요. 화장실 하나를 400여 가구가 함께 쓰다 보니 위생 상태가 심각했지요. 사람들은 포구로 나가 바다에서 큰일을 해결했대요. 이로 인해 북성포구는 '똥 마당'이라고 불렸답니다.

속초에는 함경도 주민들이 정착한 아바이 마을이 있어요. 아바이는 북한말로 할아버지를 뜻해요. 피난민들은 작은 항구에서 뱃일을 하며 고향으로 돌아갈 날을 기다렸어요. 아직 그 마을에는 고향으로 가지 못한 피난민과 그 가족들이 살고 있어요.

전쟁의 아픔, 그리고 평화

전쟁의 결과는 참혹했어요. 도로와 건물이 파괴되었고, 1천만 명 이상의 이산가족이 생겨났죠. 특히 전쟁 중에 부모가 사망했거나 피난 도중 부모와 헤어진 전쟁고아가 많았어요.

어린 고아들 중 일부는 떼를 지어 다니며 밥을 구걸하는 거지가 되었어요. 아니면 스스로 돈을 벌어야 했어요. 어린 아이들은 자신의 몸집만 한 구두

닦기 통을 둘러메고 돈이 있는 미군을 쫓아다니며 이렇게 외쳤죠.

"슈샤인(shoeshine)~ 슈샤인(shoeshine)~ 구두 따까~~"

사실 부모가 있는 아이도 사정이 별로 다르지는 않았어요. 시장에서 물건을 팔거나 건설 현장에서 일을 하는 어린이가 많았어요. 지금으로서는 어린이들이 일을 하는 것을 상상하기 어렵지만, 당시는 하루 벌어 하루 사는 힘든 시기의 연속이었지요. 전쟁으로 나라가 가난했으니 다른 방법이 없었어요.

현재 대한민국은 세계에서 손꼽히는 경제 강국이지요? 그러나 만일 다시 전쟁이 일어난다면, 우리가 누리고 있는 이 모든 것들이 사라질지도 몰라요. 평화를 지키는 일은 우리 모두를 위해 꼭 필요한 약속입니다.

무얼 알아볼까요?

17 보릿고개

여보, 왜 그렇게 표정이 안 좋아?

나라에 힘든일이 자꾸 일어나는게 가슴 아파.

우린 보릿고개 시절도 극복했잖아

보릿고개 시절이 뭐예요?

단어에 숨은 역사

보릿고개란?

보릿고개란 말을 들어보셨나요? 요즘엔 잘 쓰지 않는 표현이지만, 불과 몇 십 년 전만해도 사람들에게 가장 힘겨운 '고개'였답니다. 어디에 있는 고개냐고요?

벼는 가을에 추수하고 보리는 봄에 추수하는 작물이에요. 예전의 가난한 농민들은 가을에 수확한 쌀을 대부분 팔거나 어딘가에 바쳐야 했고, 약간의 식량만 남겨 겨울을 버텼답니다. 그러다보면 미처 보리가 나오기 전에 식량이 똑 떨어지곤 했어요. 아직은 쌀쌀한 늦겨울에서 초봄에 이르는 시기, 먹을 것이 없어 고통스러웠던 이 기간을 사람들은 보릿고개라고 불렀어요. 이 고개만 넘어가면 된다는 절박한 심정을 담은 표현인 셈이지요.

지금이야 쌀 소비가 안 되어 남은 것을 어떻게 처리할지가 고민거리인 시대이니 매일 음식물쓰레기가 1만 4천 톤씩 발생하고 있답니다. 이런 이야기가 너무 생소할지 모르겠어요. 그러면 이 보릿고개로 사람들이 고통 받던 시절, 그 중에서도 일본의 식민 지배를 받던 시절의 이야기를 좀 해 볼까요?

농민 수탈의 총본산, 동양 척식 주식회사

　동양 척식 주식회사줄여서 보통 동척이라 불러요라는 회사가 있어요. 그 이름을 가만히 보면 동양에 식민지를 개척하는 회사라는 뜻이 되겠지요. 일본이 우리나라의 국권을 빼앗기 2년 전인 1908년에 우리나라에 세운 회사랍니다. 말이 주식회사이지, 사실 토지 약탈과 농민 수탈이 주 업무였던 회사예요. 그러니 일본은 국권 강탈 전에 이미 수탈을 시작한 셈이지요. 일본은 도쿄에 이 회사의 본부를 두고 서울에 조선 지사를 두었으며, 부산, 대구, 목포, 김제, 대전, 경성, 원산, 사리원, 평양 등 무려 9개의 지점을 두었습니다.

　이 회사는 1920년 말, 우리나라에서 무려 9만 700여 정보의 땅을 소유하고 있었대요. 1정보는 약 3000평 정도로 9917.4㎡이니, 전 국토의 40%에 해당하는 토지였다네요. 특히, 전라남북도, 황해도, 충청남도의 곡창 지대를 집중적으로 소유하고 있었어요. 땅의 대부분은 일본이 토지 조사 사업이라는 것을 통해 우리나라 국유지를 빼앗고, 다시 이를 이 회사에 불하헐값에 넘겨주거나 관리하도록 준 것한 것이었지요. 지금 식민지 시기의 유적이 제일 많은 곳을 찾아 가려면

경성 동양 척식 주식회사

군산이나 목포에 가야 해요. 이때 이곳을 통하여 엄청난 쌀이 유출되었기 때문이에요.

동척은 일본인 이민 사업도 전개했어요. 1910년부터 1926년까지 17회에 걸쳐 일본으로부터 9,000여 집이 우리나라로 이주했어요. 동척에는 관리부와 금융부가 있었는데, 관리부에서 농토를 관리하고 소작료일종의 땅 사용료를 걷었어요. 금융부에선 돈을 빌려줬는데 대부분 토지를 담보로 잡았어요. 그리고 돈을 제대로 갚지 못하면 땅을 빼앗았지요. 이 같은 동척의 수탈을 견디지 못한 농민들은 살길을 찾아 만주로 이주했어요. 1926년까지 이주한 농민의 숫자가 29만 9천 명에 달했다고 합니다. 빼앗은 우리 땅에 일본 농민을 이주시키고, 우리 농민들은 만주로 쫓아낸 셈이지요.

군산 항구

우리나라에 사는 일본 사람은 1876년 개항 당시 54명에 불과했지만, 1942년에는 75만 명이나 되었답니다. 그 중 상당수가 동척을 통한 이주민이었어요.

드디어 배불리 쌀을 먹을 수 있게 되다, 통일벼

일제 강점기에만 배고프고 힘들었던 것은 아니에요. 1970년대 초까지만 해도 우리 국민들의 가장 큰 소원 중 하나가 흰 쌀밥을 원 없이 먹는 것이었대요. 쌀이 부족해서 등장한, 지금은 이해할 수 없는 풍경도 많았어요. 그 중에 대표적인 것인 절미節米 운동이에요. 한마디로 쌀 덜 먹기 운동이지요. 지금은 건강을 위해 잡곡밥을 먹지만 그 때는 쌀을 아끼기 위해 잡곡밥을 의무적으로 먹어야 했어요. 밀가루 음식인 분식을 먹어야 했고, 무미일無米日, 1주일에 한 번씩 각종 음식에서 쌀을 쓰지 않는 날도 있었지요. 지키지 않으면 처벌을 받았어요. 식당에 몰래 단속반이 들어가 솥단지를 뒤지기도 하고, 학교에서는 도시락 검사를 벌이기도 했답니다.

그런 가운데 1970년에 나온 것이 통일벼에요. 통일벼는 국내 연구진과 필리핀에 있는 국제미작연구소가 5년간의 연구 끝에 개발한 벼 품종이에요. 이 통일벼는 수확량이 기존 벼보다 30%정도 많았어요. 1974년에 쌀 생산량이 3천만 섬을 돌파했고, 1976년에는 쌀 자급이 가능해졌답니다. 드디어 우리도 쌀을 마음껏 먹을 수 있는 시대가 온 거에요.

그런데 이 통일벼는 여러 단점이 있었어요. 일단 면역성이 약해 병충해가 많았어요. 그러나 그보다 더 중요한 단점은 벼의 크기였습니다. 당시 농촌은 초가집이 대부분이었는데 초가집은 볏짚으로 지붕 이엉을 엮은 집이에요. 통일벼는 기존 벼보다 키가 작았으니, 당연히 지붕을 엮기가 불편했지요. 이에 대한 불만이 나오자 당시 정부애서는 농촌 지붕 개량 운동을 벌이기도 했답니다.

벼가 작으니 가마니를 만들거나 새끼를 꼴 수도 없었어요. 당시 겨울철 농촌의 주된 돈벌이가 어려워진 것이지요. 또 소도 이 볏짚을 싫어해서 여물로도 쓸 수 없었답니다. 소 뿐 아니라 사람도 이 벼를 그리 좋아하지 않았습니다. 우리 벼는 찰기가 있어 쫀득쫀득한데, 통일벼는 그렇지 않았던 것이지요. 더군다나 동남아시아 벼처럼 모양도 길쭉해 이상하다는 얘기도 있었어요.

어떤 것을 바라보며 살까?

쌀의 자급자족이 완전히 이루어진 이후인 1991년, 문제가 많던 통일벼는 결국 자취를 감추게 되었어요. 국민들에게 큰 사랑을 받지는 못했지만, 그래도 원 없이 배부르게 쌀밥을 먹게 해 준 벼였지요.

학교 급식이 맛없다며 투정하는 학생들을 종종 봅니다. 특히 생선이나 채소가 나오는 날은, 밥을 안 먹는 학생들도 있더라고요. 글쎄요, 가끔 반찬이 별로인 날도 물론 있지만, 제가 볼 땐 대체적으로 좋은 쌀밥과 다양한 반찬이 있는 것 같던데 말이죠. 굳이 아프리카나 북한 얘기를 꺼내지 않아도, 우리나라도 불과 몇 십 년 전까지 보릿고개가 있던 나라였답니다.

불만을 가지고 보면 모든 게 불만이고 감사한 마음으로 바라보면 모든 게 고맙다고 하지요? 우리 좀 더 감사하는 마음으로 살아가면 어떨까요?

무얼 할까볼까요?

18 사바사바

사바사바?

'사바사바'라는 말 들어보셨나요? 보통 윗사람한테 잘 보이려고 무언가를 할 때 쓰는 말이지요. 국어사전을 보면 '뒷거래를 통해 떳떳하지 못한 방법으로 비밀스럽게 일을 조작하는 짓'이라는 뜻이란 걸 알 수 있어요.

사바사바는 사실 일본말이에요. 일제 강점기 때부터 쓰기 시작한, 우리 역사에서 가장 아팠던 시절의 유쾌하지 못한 사정이 숨어 있는 말이지요.

순사는 고등어를 좋아해

일본의 식민 지배는 일본과 일본인의 이익이 항상 우선이었어요. 나라를 빼앗긴 1910년대에는 조선인이 회사를 세우려면 총독의 허가회사령會社令를 반드시 받게 하였어요. 조선인이 스스로 일어서는 것을 최대한 막으려고 한 것이지요. 조선인은 학교에 다니기도 어려웠고, 정치는 물론이고 사회생활 전반에서 자기 목소리를 내는 것이 거의 불가능했어요.

차별이 당연한 시대. 이런 시절에 조선인은 무언가를 해보려 할 때마다 장애물에 부딪히기 일쑤였어요. 이런저런 차별을 받는 통에 정상적인 생활을 꾸려나가기도 쉽지 않았지요. 사업이나 장사를 해보려는 조선인은 그럼 어떻게 해야 했을까요? 나에

사바사바의 어원을 달리 설명하기도 해요. 불교에서 인간 세상을 '사바세계'라고 부르는데, 이를 통해 사바사바가 사람들 사이에 일어나는 여러 가지 깨끗하지 못한 일을 이르는 말로 굳어졌다고도 하지요.

게 이유 없이 불이익을 주거나 화가 난 일본인 관리를 진정시키려면 어떻게 해야 했을까요? 그래서 높은 사람에게 아첨하거나 선물을 가장한 뇌물을 바치는 일이 꽤 많았어요. 당시 가장 인기 있었던 선물은 바로 고등어였어요.

지금이야 고등어를 밥상에서 어렵지 않게 볼 수 있지만, 100년 전에는 그렇지 않았어요. 꽤 값비싼 물건이라 귀한 사람에게 보내는 선물로 인기 있었지요. 고등어를 일본어로 사바(サバ)라 하는데요, 특히 일본인들이 고등어를 무척 좋아했다고 해요. 고등어 두 마리를 일본인 관리나 순사한테 바치면 안 되는 일이 없다는 말이 있었을 정도였지요. 뇌물을 바쳐서 일을 꾀한다는 뜻인 '사바사바'라는 말은 이렇게 생겨났어요.

광복을 했지만…

일제강점기는 사바사바를 하지 않으면 살아가기 힘든 시대였어요. 그리고 1945년 8월 15일, 사람들이 꿈에 그리던 광복이 찾아 왔어요. 뜻있는 사람들은 저마다 이 땅에 누구나 사람답게 살아갈 수 있는 나라를 세우려고 바쁘게 뛰어다녔어요. 이를테면 사바사바 같은 것을 하지 않아도 걱정 없이 잘 지낼 수 있는. 하지만 그 꿈은 당시 상황에서 도무지 이루어지기 힘들었던 것일까요?

일본이 무조건 항복을 하자 한국 땅에 승전국 군대가 들어왔어요. 북위 38도선을 기준으로 북쪽에는 소련군, 남쪽에는 미군이 들어왔지요.

미군이 남한에 들어와서 조선총독부에서 일본 국기를 내리고 미국 국기를 올리는 모습

우리는 그들이 우리를 도와주기를 바랐지만, 그들은 일본 식민지였던 한국 땅을 사실상 점령하려고 들어온 군대였어요.

소련군과 미군은 38도선의 북쪽과 남쪽 지역에서 군정군대의 통치을 실시했는데, 저마다 우리나라의 사정과 상황은 생각하지 않고 자기네 이익에 맞게 통치하려고 했어요. 미군은 남한에서 일본이 식민 통치를 하던 체제를 유지하려고 하면서 조선인이 스스로 변화를 일으키려고 하는 모든 노력을 막았어요.

사바사바는 계속 된다

일본의 지배가 끝난 줄 알았지만 끝난 게 아닌 것 같기도 한 희한한 상황이 펼쳐졌어요.

미군정은 한국을 위해서라기보다는, 당장 혼란을 막고 체제를 유지하기 위한 정치를 펼쳤어요. 경제는 금세 혼란에 빠졌고 물가가 치솟았어요. 불만을 가진 사람들을 힘으로 내리누르면서요.

최악의 상황은 따로 있었어요. 미군정이 어지러운 남한 지역을 빠르게 안정시키고자, 한국 사정을 누구보다도 잘 알면서도 일도 잘하는 사람들을 뽑아 권력을 주었어요. 바로 조선총독부나 경찰서에서 일본의 통치를 도왔던 사람들인 친일파였지요. 일본이 패망하고 물러갔으나 일본에 충성하던 친일파들이 그대로 권력을 쥐게 된 것이에요.

그들이 사람들을 어떻게 대했을까요? 이제부터라도 좋은 나라를 만들어가려고 노력했을까요? 아니면 예전에 일본인에게 그랬듯 이제 새 지배자로 들어온 미국인들에게 잘 보이려고 하면서 힘없는 이웃들을 팔아먹으려고 했을까요?

어렵게 광복을 맞았으나 공정한 법과 원칙에 따라 다스려지는 나라는 쉬이 오지 않았습니다. 높은 자리에 있는 사람의 눈치를 살피고 그들의 기분을 좋게 해주어야 잘 살 수 있었어요. 정직하게 노력하기만 하는 사람은 바보 취급받았어요. 대통령이 바뀔 때마다 '사회를 정화'하고 '부정부패를 척결'한다고 했지만, 눈치 빠르고 남을 속이고 이용해야 똑똑한 사람으로 대우받는 세상은 계속되었어요. 사람들 손에 들려 있는 게 고등어이든 돈다발이 든 가방이든 그것은 중요하지 않았습니다. 뭐라도 해보고 싶

단어에 숨은 역사

은 사람은 어떻게든 좋은 물건을 손에 들고 누군가를 찾아가서 손바닥이 닳도록 잘 '비벼야' 했습니다.

사바사바가 필요 없는 세상을 꿈꾸며

외국 군대가 물러가고 대한민국 정부가 정식으로 세워졌지만 나라가 남과 북으로 분단되었고, 그런 상황을 틈타 친일파와 권력에 아부하는 사람들이 계속 높은 자리를 지키고 앉았지요.

하지만 우리에게도 희망이 완전히 사라진 것은 아니었어요. 국민이 나라의 진짜 주인이 되는 나라, 원칙이 지켜지는 나라를 만들려고 용감하게 맞서 싸우는 사람들이 남아있었기 때문이지요. 무시무시한 감시와 탄압을 받으면서도 민주화 운동이 이어진 끝에 우리나라는 민주주의 원칙이 예전보다는 훨씬 더 잘 지켜지는 나라가 되었어요.

그러나 사바사바라는 말은 지금도 힘을 가지고 있어요. 옛 시절의 나쁜 습관들이 여전히 세상 곳곳에서 힘을 발휘하고 있어요. 언제쯤 사바사바를 하지 않아도 되는 세상, 사바사바라는 말이 없어진 세상에서 살 수 있을까요? 우리가 살아가면서 풀어나가야 할 중요한 숙제라고 생각해요.

시대 & 사건

19 육시랄과 사약

'육시랄'의 어원

요즘은 많이 쓰지 않지만, 어른들 말씀 중에 '육시랄'이라는 말을 들어보셨나요? 뭔가 기분이 언짢거나 일이 잘 안되면 '이런, 육시랄!'이라고 하는 경우가 있지요. 이 말은 '육시'라는 형벌에서 나온 말이에요.

육시는 두 종류가 있어요. 하나는 대역 죄인의 머리, 몸뚱이, 팔, 다리를 토막 쳐서 죽이거나 말과 소에 묶어 찢어 죽이는 육시六屍, 여섯 토막예요. 영화나 드라마에서 종종 보이는 가장 잔인한 형벌이지요. 또 하나는 죽은 사람의 무덤에서 관을 꺼내 시신을 자르거나 목을 잘라 거리에 걸던 육시戮屍, 시체를 도륙함예요. 시신을 훼손하지 않고 온전하게 보전하는 것이 매우 중시되었던 조선 시대에, 이 육시는 가장 극악한 형벌 중에 하나였답니다. 육시랄의 '육시'는 두 번 째의 육시戮屍를 말해요. 맘에 들지 않거나 저주를 내리고 싶은 사람에게, '널 두 번 죽이겠다'라는 의미로 쓴 말이지요. '육시를 할 놈'이라고 저주하다가 여기에서 '놈'이 생략되고 다시 '육시를 할'을 빨리 발음하면서 육시랄이 된 것 같습니다. 육시랄. 어원을 보니 참 무서운 말이지요?

조선 시대의 형벌

조선 시대 형벌은 크게 태, 장, 도, 유, 사 이렇게 다섯 가지로 나눌 수 있어요. 물론 일반 백성들이 받은 잡다한 형벌은 셀 수 없이 많아요. 이 다섯 가지는 법전에 규정된, 주로 관리들이 받은 형벌이라 할 수 있습니다.

태형笞刑과 장형杖刑은 볼기를 때리는 것을 말해요. 태형은 가벼운 회초리나 가죽으로 치는 것이고, 나무를 깎아 만든 큰 몽둥이로 곤장을 치는 것이 장형이에요. 이 둘을 합쳐서 태장이라고 불렀어요. 태장은 관리들이 업무가 태만할 때 내렸던 형벌이에요. 세금을 제때 걷지 못하거나 노역에 사람을 제날짜에 보내지 못하면 주로 태장을 형벌로 받았답니다.

도형徒刑은 감옥에 가두어놓고 일을 시키는 것을 말해요. 조선 시대에는 주로 종이나 소금을 만들게 시켰대요. 업무 태만 중에서도 왕릉을 관리하지 못하는 등의 중한 죄, 또는 왕실을 희롱한 죄 등에 도형을 내렸습니다. 유형流刑은 집에서 멀리 떨어지게 하는 형벌이지요. 유배형, 귀양살이라고도 불러요. 유형은 원래 유목 민족들에게서 보이는 형벌입니다. 문제가 있는 사람을 부족에서 내쫓았던 것이 전해져 형벌로 자리 잡은 것이지요. 주로 정치적인 문제로 권력에서 밀려나게 되면 유형에 처해졌어요.

마지막 사형은 말 그대로 목숨을 거두는 형벌이에요. 종류로는 목을 매달아 죽이는 교수형과 목을 자르는 참수형이 있어요. 망나니가 칼춤을 추는 장면이 떠오른다면 그것은 참수형이지요.

사약이라고 불리는 독특한 사형 제도도 존재했어요. 사약은 고대부터 전해져온 오래된 형벌로 전쟁에서 패한 장수에게 내리기도 했어요. 조선 시대에는 왕실을 모욕하거나 반란을 주도하는 등 국가 반역과 관련되었을 때 주로 사약에 처했어요. 혹은 당파 싸움에서 밀려난 경우에도 사약을 받았지요.

사약(死藥)? 사약(賜藥)?

사약은 무슨 뜻일까요? 한자로 쓰면 '죽을 사[死]'자에 약을 붙여 '死藥사약'이라 쓸까요? 음, 아닙니다, 한자로 '賜藥사약'이라고 써요. '사賜'는 '내려주다, 은덕하다'라는 뜻을 가진 한자예요. 그러니 사약은 왕이 내려주는 은혜로운 약이라는 뜻이지요. 마시면 죽는 약을 주면서 은덕이라니, 정말 이상하지요?

드라마나 영화를 보면 사약을 받은 죄인이 임금을 향해 절을 하며 '성은이 망극하옵니다.'하고 절을 하지요. 좀 당혹스럽지 않나요? 먹고 죽으라고 약을 주었는데 고맙다니요.

조선 시대 양반들이 지켜야 할 덕목 중 충忠과 효孝는 무엇보다 으뜸이었어요. 특히 효의 가장 기본적인 것은 육신을 보호하고 건강하게 지내는 것이었답니다. 온전한 몸으로 건강히 지내다가 저승에서 부모를 만날 때도 건강한 모습을 보여주는 것이 효의

한 방법이라는 생각이 있었거든요. 사약은 참수형이나 교수형과 달리 육신을 보존한 채 죽음을 맞이할 수 있는 형벌이었어요. 왕이 사약형을 내렸다는 것은 육신은 훼손하지 않겠다는 뜻인 셈이지요.

사약은 누구나 쉽게 받는 형벌이 아니었어요. 세종대왕의 장인 심온, 삼촌에게 왕위를 뺏긴 비운의 왕 단종, 연산군의 생모 폐비 윤씨는 사약을 받은 분들이에요. 짐작이 가나요? 사약은 엄격한 격식과 절차를 거쳐 집행되는, 지체 높은 죄인들에게 내리던 사형 제도였답니다.

그런데 사약은 먹자마자 바로 죽음에 이르는 것은 아니었어요. 중종 때의 개혁가였던 조광조는 유배지에서 사약이 내려지자 주저 없이 벌컥벌컥 마셨지요. 그러나 시간이 지나도 조광조에게 아무런 변화가 없었어요. 결국 죽는 것을 기다리다 못한 금부도사가 군졸들을 시켜 조광조의 목을 조르게 했지요. 그러자 조광조는 소리치며 말했어요.

"전하께서 나의 목이나마 보존케 하려고 사약을 내리신 것인데, 너희들이 어찌 함부로 내 몸에 손을 대려 하는가? 가서 사약 한 사발을 더 가져오라!"

결국 조광조는 사약 한 사발을 더 마신 뒤에야 숨을 거두었다고 해요. 명종 때 임형수라는 관리는 사약을 열여덟 사발이나 마셨다는 기록이 있어요.

현대의 사형제도에 대해

 오늘날에도 잔혹한 살인범같은 중죄인에게 사형 판결이 내려지고 있어요. 그러나 실제 집행하지는 않아요. 1997년 12월 30일, 23명의 사형 집행이 마지막이었어요. 1997년까지는 총 1310명을 대상으로 사형이 집행되었지요. 2007년 10월 10일 국제사면위원회에 의해 한국은 실질적 사형 폐지 국가로 분류되었어요.

 과거의 사형수들 중에는 독재 권력에 대항하다 잘못된 판결에 의해 희생된 사람들도 포함되어 있어요. 인혁당 사건이나 민청학련 사건, 간첩 조작 사건 등 지금에 와서 잘못된 판결이라고 법원이 사과하는 기사들이 종종 나오지요. 이미 그들은 돌아가셨는데 말이에요. 그렇기 때문에 사형은 어느 형벌보다 신중하게 내리지 않으면 안 될 거예요.

 현재 우리나라에 사형을 선고받아 복역 중인 사형수는 61명에 이릅니다. 보통은 연쇄 살인이나 살인 후 시신 훼손처럼 반인륜적 행위에 대해 사형 선고를 내려요. 잔혹한 범죄에 대한 형벌은 있어야 마땅하지요. 그러나 한편, 과연 사람이 사람의 목숨을 뺏을 권한이 있는가에 대해서는 계속해서 논란이 있습니다. 글쎄요, 사형에 대한 여러분들의 생각은 어떠한가요?

20 을씨년

단어에 숨은 역사

원통하고 비통했던 1905년 그 해

'을씨년스럽다'라는 말을 들어본 적 있나요? 분위기나 날씨가 쓸쓸하고 스산할 때 보통 쓰는 말이지요. 을씨년은 1905년 을사년乙巳年을 의미해요. '을사년스럽다'라는 말이 변해 '을씨년스럽다'가 되었지요. 1905년, 우리나라에 대체 어떤 일이 있었기에 '을씨년스러운' 기억으로 남았을까요?

조선, 문을 열다

19세기 후반 유럽의 여러 나라와 미국은 아시아와 아프리카를 침략해 자신들의 식민지로 삼았어요. 자기 나라에서 만든 물건을 팔고, 물품 제조에 필요한 원료를 값싸게 공급받을 수 있는 곳이 필요했기 때문이지요. 이처럼 서양 열강여러 강한 나라들이 주도한 대외 팽창 정책을 '제국주의' 정책이라고 불러요.

제국주의 열강은 동아시아 지역에도 접근했어요. 청나라는 영국과 전쟁에서 패해 1842년 난징조약을 맺었고, 일본은 미국 페리 제독이 이끌고 온 함대의 무력에 굴복해 1854년 미일화친조약을 맺었어요. 두 조약 모두 청과 일본에 매우 불리한 내용을 담은 불평등 조약이었지요.

열강의 계속된 접근에도 조선 정부는 문을 열지 않았어요. 그러나 점점 외국과 관계를 맺어야한다는 목소리가 높아졌고, 결국 1876년에 조선도 일본과 강화도 조약을 맺었답니다. 강화도 조약은 난징조약이나 미일화친조약처럼 불평등 조약이었어요. 조선에게 불리하고 일본에게만 일방적으로 유리한 내용이 담겨있었지요. 먼저 문호를 개방한 일본이 자신들이 겪은 불평등 조약의 내용을 조선에게도 적용시킨 것이었어요.

일본의 침략은 거세져가고

강화도 조약을 시작으로 일본은 조선에 대한 간섭을 키워 나갔어요. 그러자 그동안 조선에 영향력을 행사하고 있던 청나라가 가만히 있지 않았지요. 결국 청나라와 일본이 조선을 두고 전쟁을 벌였어요. 청일전쟁은 일본의 승리로 끝났어요.

청나라가 물러나자 이번엔 러시아가 조선에 접근해 왔어요. 일본은 조선을 차지하기 위해 강력한 러시아와 대결해야 했지요. 일본은 먼저 조선 내에서 러시아와 손을 잡으려는 세력을 제거하려 했어요. 그 결과가 1895년에 일어난 을미사변이에요. 일본인들이 조선의 왕비인 명성황후를 시해하고 시신을 훼손하는 끔찍한 만행을 저질렀어요.

이후 차근차근 전쟁 준비를 마친 일본은 1904년 러시아 함대를 먼저 공격해 러일전쟁을 일으켰어요. 러시아를 못마땅하게 여기던 영국과 미국도 일본을 적극 지지해 주었지요. 이 때 조선은 나라 이름을 대한제국으로 바꾸고 여러 가지 개혁 정책을 추진해 가던 중이었어요.

전쟁 직전 고종 황제는 중립을 선언하고 우리나라에서 전쟁이 일어나는 것을 막으려 했지만, 일본은 마음대로 군사 기지를 설치하고 군대를 보냈어요.

일본은 러일 전쟁에서도 승리했어요. 아시아의 작은 섬나라 취급을 받던 일본이 거대한 제국 러시아와 싸워 이기자 제국주의 열강은 일본이 조선을 침략하는 것을 인정해 주기로 했어요.

서양식 복장을 한 고종 황제

을씨년스럽던 대한제국

경쟁자를 모두 제거한 일본은 본격적으로 대한제국을 강제 점령하려 나섰어요. 그 결과 1905년 11월 18일에 '을사늑약늑약은 강제로 맺은 조약이라는 뜻'을 강제로 체결했습니다. 그 내용은 대한제국 정부가 일본 정부의 허락 없이는 다른 나라와 조약을 맺을 수 없다는 것이었어요. 한마디로 대한제국의 외교권을 완전히 빼앗는다는 말이었어요.

그러나 이 조약은 국제적으로 인정받을 수 없는 불법 조약이었어요. 고종 황제와 대한제국의 대다

위임장과 비준서
위임장은 황제가 담당자에게 조약 체결을 할 수 있는 권한을 인정해주는 문서입니다.
비준서는 조약이 체결 후 이를 확인해서 인정해주는 문서이지요.

수 대신들은 너무나 부당한 이 조약에 끝까지 반대했지요. 그러자 일본 측 대표인 이토 히로부미는 군대를 동원하여 위협적인 분위기를 조성하고, 외부대신 오늘날의 외교부 장관의 직인을 강제로 찍어버렸어요. 당연히 국가 간 조약을 체결할 때 꼭 필요한 위임장이라던가 비준서도 없어요. 대한제국의 주권자인 고종 황제가 끝까지 거부했기 때문이지요.

늑약이 강제로 체결된 1905년 을사년은 대한제국 사람들에게 너무나 충격적이며, 원통하고 분한 해였어요. 암울하고 슬픈 을사년, 온 나라는 이 늑약에 분통해하며 일본을 규탄했답니다.

'이 날을 목 놓아 우노라'

1905년 11월 20일 「황성신문」은 '이날을 목 놓아 우노라'라는 제목의 논설을 실어 을사늑약 체결에 앞장선 5명의 정부 대신들을 비판했어요. 종로 상인들은 가게 문을 닫고 일본에 저항했어요. 최익현, 신돌석 등은 의병을 조직하여 일본군과 싸웠고 나철과 오기호는 을사늑약에 적극적으로 가담한 정부대신 5명 을사오적을 처단하기 위한 단체로 '자신회(오적암살단)'을 만들었어요.

고종 황제 또한 을사늑약의 부당함을 알리기 위해 노력했어요. 미국인 헐버트에게 미국 정부에 을사늑약이 무효임을 알리도록 부탁했고, 1907년 네덜란드 헤이그에서 열린 만국 평화 회의에 특사를 파견하여 세계 여론에 일본의 침략을 알리려고 했어요. 그러나 이미 제국주의 열강은 일본의 편이었고 일본의 방해공작으로 이러한 노력은 모두 수포로 돌아갔어요. 대한제국의 국민들에게 '을사년'스러움은 원통하고 분통함 그 자체였어요.

을사늑약이 체결된 덕수궁 중명전

대한 독립 만세

을사늑약 체결 이후 일본은 대한제국의 재정, 군사, 경찰권을 차례로 장악하고 1910년 8월 29일 대한제국의 주권을 완전히 빼앗았어요. 이제 대한제국이라는 나라는 사라지고 우리 영토는 일본 제국주의의 지배를 받는 식민지가 되어 버렸지요.

일제 강점기의 시작은 독립을 향한 싸움의 시작이었어요. 을사늑약에 저항했던 우리 민족의 항일 투쟁은 처절한 독립 투쟁으로 이어졌고, 마침내 우리는 1945년 8월 15일 광복을 맞이합니다. 지금 이 나라 대한민국은 수많은 사람들의 피땀 어린 노력으로 세워졌어요. 자유롭고 정의로운 나라를 되찾기 위해 노력한 분들의 희생을 늘 가슴에 새기고 감사하는 마음을 갖도록 해요.

21 이판사판

무얼 알아볼까요?

청소하고 빨래가 밀렸더니 집이 엉망이네.

그래! 이렇게 된 거 이판사판이다!

와. 정말 손을 댈 엄두가 안 난다.

이판사판이요??

이판사판이라는 말

막다른 곳에 몰렸을 때 "그래! 이렇게 된 거 이판사판이다!"라고 말하곤 하지요.

최악의 상태에서 모든 것을 내려놓는 마음이 느껴지기도 하고, 어려운 상황을 뒤집을 수 있는 비장의 카드를 꺼내 드는 느낌이 들기도 하는 단어에요. 그런데 혹시 아셨나요? 우리가 너무나 익숙하게 쓰는 단어인 이판사판은 정확히 말하자면, 궁지에 몰렸던 불교에서 나온 말이랍니다. 어떤 사정이 있었을까요?

추락하는 불교에는 날개가 없었다

불교가 우리나라에 처음 들어온 건 삼국시대였어요. 그때부터 고려 시대에 이르기까지 사회 전체를 쥐락펴락할 수 있는 강력한 권력을 가지게 되었어요. 특히 고려 시대는 불교 왕국이라 불러도 될 정도로 불교의 힘이 강해서, 나랏일은 물론 백성들의 일상과 사고방식에까지 두루 영향을 주었어요. 스님들은 그냥 종교인을 넘어서 사회 지도층으로 대우받았고, 절에는 재산이 그득하게 쌓여갔지요.

그러나 고려가 망하고 유학자들이 조선을 세우면서 좋은 시절은 끝났어요. 불교의 추락에는 끝이 없었습니다. 유교를 나라의 중심으로 세우려 하였던

135

조선 왕조는 불교가 그때까지 누려왔던 모든 것을 철저히 빼앗고 짓밟았어요. 돈과 권력을 거머쥐었던 불교가 그동안 많이 부패하여 백성들을 괴롭히고 있었다는 사정도 있었지요. 한때 나라와 사회를 이끄는 정신적 지주였던 그들이 어느새 청산의 대상이 되었던 것이에요.

많은 절이 문을 닫았고 스님들은 재산을 빼앗겼어요. 나라에서는 사람들이 출가하여 스님이 되는 것을 막았어요. 그나마 남아있던 스님들도 수도 한양 출입을 금지당하는 수모를 겪어야 했어요. 무엇보다 스님들을 괴롭혔던 것은 나라에서 강제로 시키는 여러 가지 잡일들이었어요. 노비 취급당하며 공사 현장에 끌려다니기도 하고 종이, 기름, 신발 같은 물건들을 만들어서 바쳐야 했지요. 이를 견디지 못한 절들은 문을 닫아야만 했어요.

이판 스님과 사판 스님

스님은 부처가 되려고 불경을 공부하기도 하고 참선을 하면서 스스로를 갈고 닦는, 즉 수행하는 사람이에요. 그러나 절을 지키고 불교가 무너지는 것을 막으려면 누군가는 나라에서 시키는 일을 하고 절 살림을 맡아야만 했어요. 이렇게 조선 시대를 지나며 스님들 사이에 역할 분담이 이루어졌어요. 그게 바로 '이판 스님'과 '사판 스님'이에요.

　이판 스님은 불교 수행에 힘쓰는 스님입니다. 누가 뭐라 하건 옆에서 무슨 일이 벌어지든 흔들리지 않고 깨달음의 길을 꿋꿋이 걸어가는 스님들이 그 시대에도 여전히 많았어요. 이들이 있었기에 조선 시대에도 불교는 계속 발전할 수 있었어요.

　사판 스님은 이판 스님과 달리 공부와 참선은 하지 않아요. 대신에 나라에서 시키는 일을 처리하고 절집 살림을 꾸렸지요. 누군가 수행을 해 나가기 위해 누군가는 수행과 동떨어진 일을 해야만 했습니다. 누군가 궂은일을 처리해주는 동안 누군가는 그에 얽매이지 않고 부처가 되는 길을 열어 갈 수 있었지요. 불교의 원래 목적인 수행을 하지 않는 사판 스님은 공부 많이 한 이판 스님보다 힘이 약해서 종종 무시당하기도 했습니다. 하지만 절에서 중요한 결정을 내릴 때에는 항상 이판 스님과 사판 스님을 가리지 않고 머리를 맞대고 함께 의논했다고 해요.

참선은 조용히 자리 잡고 앉아서 숨을 가다듬고 마음과 생각을 살피거나 어떤 주제를 정해놓고 궁리하는 불교의 수련 방법입니다.

야단법석, 아수라장, 무진장

 조선은 불교를 국가적으로 억압했지만, 사람들이 불교를 믿는 것까지는 막지 못했어요. 어려운 시대였지만 불교는 사람들 사이에서 여전히 깊게 뿌리내렸고 지금도 우리나라의 대표 전통 종교 위치를 지키고 있지요. 그래서 그런지 우리가 흔히 쓰는 말에 불교의 흔적이 많이 남아있습니다. 몇 가지만 더 살펴볼까요?

 야단법석은 원래 스님이 사람들에게 가르침을 펴는 모습을 뜻하는 말이에요. 스님이 야외에서 법회를 여는 장소를 '야단', 가르침을 주는 스님이 앉도록 높게 쌓아 올린 자리를 '법석'이라고 합니다. 진지한 자리이지만 사람들이 많이 모여드니 어수선해질 수밖에 없었겠지요? 그래서 바쁘고 정신없는 모양을 가리키는 말이 되었다고 해요.

 비슷한 느낌의 단어로 아수라장이 있어요. 불교 신화에서 아수라는 혼란을 일으키는 못된 귀신이에요. 아수라들이 모여 사는 곳은 늘 싸움이 끊이지 않는다고 해요. 여기서 아주 시끄럽고 혼란함을 뜻하는 아수라장이라는 말이 생겨났어요.

 무진장은 무언가 엄청 많아서 넘쳐나는 모양을 뜻하는 말이에요. 불교에서는 이 단어를 덕이 굉장히 넓어서 끝이 없다는 뜻으로 썼어요. 한편 어려운 사람을 도와주고 구한다는 뜻도 있어요. 옛날에는 절에서 '무진장원', '무진재'라는 금고를 만들어두고 낮은 이자로 돈을 빌려주면서 가난한 사람들을 도왔다는 이야기도 전해지고 있습니다.

이판사판이다, 해 보자!

이판사판은 '상황이 이렇게까지 나빠졌으니 나도 이제는 모르겠다.'는 뜻으로 많이들 쓰지요. 한때 지배층으로 대우받다가 밑바닥으로 떨어진 조선 시대 불교의 어려움이 느껴지기도 해요. 하지만 이판사판에는 다른 뜻도 있어요. '상황이 상황이니만큼 이것저것 따지지 말고 두 팔 걷어붙이고 힘껏 이겨내자.' 이판 스님과 사판 스님이 손잡고 지독한 상황을 힘껏 이겨낸 불교의 끈질김을 볼 수 있어요.

어떤가요? 우리도 모진 세월을 이겨낸 스님들처럼, 너무 어려워 포기하고 싶은 순간이 와도 '이판사판이다! 해 보자!'라는 용기를 가져보는 건 어떨까요?

교류

01 무대포
02 시치미
03 호두
04 화냥년

22 무대포

일본과 포르투갈

일본의 나가사키라고 들어보셨나요? 네, 짬뽕으로 유명한 그 곳! 나가사키는 일본의 항구 도시에요. 짬뽕은 이 곳에 이주해 온 중국인 요리사가 노동자와 유학생을 위해 저렴하게 만든 면 요리에서 비롯되었다는 얘기가 있습니다.

나가사키 카스테라

나가사키는 일본이 외국에 처음으로 열어 준 항구여서, 이곳에서 수많은 외국인들이 활동하고 있었거든요.

일본은 1543년, 서양 사람들과 첫 교역을 시작했어요. 당시 우리나라는 조선 시대였고, 중국과 일본 이외의 나라와는 그리 활발한 교류가 없었지요. 맨 처음 일본의 문을 두드린 나라는 포르투갈이었어요. 그래서 일본에는 포르투갈의 영향을 받은 흔적들이 많지요. 여러분들이 좋아하는 빵은 포르투갈어 파오pao가 일본식으로 바뀐 이름이에요. 나가사키에서는 짬뽕 말고도 부드럽고 맛있는 카스테라가 유명한데, 이것도 포르투갈 사람들이 전해준 것이랍니다. 그리고 또 하나, 포르투갈 사람들이 일본에 전해 준 매우 중요한 물건이 있었으니……. 그건 바로 총이었어요.

조총과 철포

일본의 전국 시대15~17세기 경, 여러 지역 영주들이 서로 싸우던 시대의 영주들에게 전투에서 이길 수 있는 신무기는 매우 중요했어요. 이 무렵 포르투갈 사람들로부터 총을 전해 받은 일부 영주들은, 이를 적당히 개조해서 사용했답니다. 당시의 총은 방아쇠 위에 달린 화약통에 불을 붙여 발사하는 원리였는데, 화약이 타는 시간이 너무 오래 걸려 총 한 발 쏘는 시간이면 활 15발을 쏠 수 있었어요.

조선 정부도 총의 존재를 알고 있었지만, 발사 시간이 오래 걸린다는 단점 때문에 그 위력을 무시했답니다.

그런데 일본은 이 문제를 해결해냈어요. 여러 명이 줄을 맞추어 쏘고 난 다음 뒤로 빠지면, 그 다음 줄 사람들이 바로 장전을 끝낸 총으로 발사하는 방식으로요. 이런 식으로 연속발사가 가능해진 것이죠. 이후 일본은 점차 창과 칼 대신 총을 활용하여 전투를 수행했어요.

조총을 사용하는 일본 보병

우리나라와 중국에서는 일본 사람들이 사용하는 이 총을 조총이라고 불렀어요, '하늘의 나는 새[鳥]를 쏘아 맞혀서 떨어뜨릴 수 있다.'라는 뜻을 담은 이름이지요. 그러나 일본에서는 이를 철포鐵砲, 일본식 발음으로 뎃뽀라고 불렀대요.

무철포와 무대포

혹시 이미 짐작들 하셨나요? '철포가 없다'는 의미로, 철포 앞에 '없을 무無' 자를 붙인 것이 무철포 無鐵砲예요. 이를 일본식으로 발음하면 '무뎃뽀'가 되지요. 일본에서는 총이 없이 전쟁에 나가는 무모한 행동을 보고 '무뎃뽀!'라고 했대요. 그리고 이게 우리나라에서 살짝 바뀌어 무대포가 되었답니다!

무대포를 사전에서 찾아보면 '앞뒤 분간 없이', '막무가내'라는 뜻이라 되어 있어요. 우리는 대개 신중하게 생각하지 않고 일단 행동하고 보는 사람을 보고 '무대포'라고 표현하지요.

임진왜란

전국시대를 통일한 도요토미 히데요시는 조총으로 무장한 일본군을 앞세워 우리나라를 침략했어요. 별 다른 전쟁 준비를 하지 못했던 조선은, 전쟁 초반에 일본의 조총 부대에 속절없이 무너지고 말았어요. 그러나 이내 조선에서도 조총을 제작했어요. 이미 조선도 뛰어난 총포 제작술을 보유하고 있었고, 전쟁 중 우리나라에 귀화한 일본인들이 조총을 대량으로 제작할 수 있는 기술을 전해주기도 했지요. 조선은 조총 부대와 화살 부대, 칼과 창을 사용하는 부대 등을 전술에 따라 적절히 배치하여 전

토요토미 히데요시

투를 수행했고, 결국 일본군과 대등하게 싸울 수 있었답니다.

임진왜란이 시작됐을 때 우리나라가 일본에게 계속 패한 이유는 여러 가지가 있어요. 당시 우리나라는 조선 건국 후 약 200여 년간 큰 전쟁 없이 장기간 지속됐던 평화에 빠져 국방력이 약화 됐고 전쟁이라는 단어에 무감각 해진 것이 사실이었지만 전쟁의 향방에 조총이 한 역할은 무엇이었는지 고민할 필요가 있어요.

조총과 우리의 미래

임진왜란 전에 일본은 유럽과 교류를 시작하면서 자신들에게 필요한 신기술과 문화 등을 받아들였어요. 물론 그 목적은 전국시대15~17세기 경, 여러 지역 영주들이 서로 싸우던 시대에 살아남기 위한 지방 영주들의 몸부림이었지요. 이는 도쿠가와 이에야스라는 사람이 정권을 차지한 한 후 나라가 안정되자 외국과의 교류에 소극적인 모습을 보인 것만으로도 확인할 수 있지요.

반면 조선이 서양 국가와의 교류에 아주 관심이 없었던 것은 아니었어요. 조선 후기 네덜란드 사람 벨테브레와 하멜이 일본으로 가던 도중 표류하여 우리나라에 왔을 때 무기 제조법을 배우려 했고요. 벨테브레는 우리나라에 귀화시켜 박연이라는 이름을 주면서 조금이나마 서양 문물에 대해서 학습하려 했어요.

결국 우리가 임진왜란이라는 전쟁을 겪게 된 것은 정보 부족이 아니었을까요? 일본이 무슨 무기를 갖고 있고 일본의 국내 상황이 어떻게 돌아가고 있었는지 확인했어야 했지만 당시 우리는 그러게 하지 않았기 때문에 전쟁에 대한 준비를 못했던 것이었어요.

지금의 시대도 마찬가지에요. 세상은 빠르게 변하고 기술은 발전하고 있어요. 현재 우리나라는 세계에서 인정을 받고 있는 나라 중의 하나가 됐지만 나라 밖 세상이 어떻게 변하는지 관심 갖지 않게 된다면 어떻게 될까요? 임진왜란이 일어났을 때처럼 다시 우물 안 개구리가 될지 몰라요. 변화하는 세상과 시대에 관심을 갖고 적절히 준비를 하는 것이 무엇보다 필요한 시대라는 것을 잊지 말아야 해요.

23 시치미

무얼 알아볼까요?

매와 '시치미'

'시치미를 떼다'라는 말은 자기가 한 일을 하지 않은 척하거나 알면서도 모르는 척 한다는 뜻으로 쓰는 말이지요. 도대체 시치미가 뭐길래 그걸 뗀다고 표현할까요?

요즘은 매를 찾아보기 어렵지만 옛날 우리나라 사람들은 매를 이용한 사냥을 즐겼어요. 잘 길들인 매를 이용해 꿩을 잡는 것이지요. 특히 '해동청海東靑'이라고 불렸던 우리나라 매의 뛰어난 사냥 기술은 주변 나라에도 잘 알려져 있었어요.

'시치미'란 바로 매의 꼬리에 달아둔 이름표예요. 여기에 매 주인의 이름과 주소를 써 두었지요. 남의 매를 훔치려는 사람은 꼬리에 달린 시치미를 떼어 버리고는 자기 매인 척 했답니다. 여기에서 '시치미를 떼다'라는 말이 나왔어요.

고려와 몽골의 전쟁

그런데 바로 이 뛰어난 우리나라의 매 때문에 사람들이 고난을 겪었던 때도 있었대요. 지구상에서 가장 넓은 영토를 차지했던 나라가 어디인지 알고 있나요? 바로 칭기즈칸이 세웠던 몽골 제국이에요. 아시아 대륙의 북쪽 몽골 초원에서 일어난 이 민족은 저 멀리 유럽에 있는 러시아, 폴란드까지 영토를

몽골 공화국 지폐 속 칭기즈 칸

넓혔어요. 몽골 제국의 영토는 알렉산드로스 대왕, 나폴레옹, 히틀러가 차지한 영토를 합친 것보다 크다고 하니 실로 엄청난 넓이였지요. 몽골 제국이 어마어마하게 세력을 키워가던 그때가 우리나라의 고려 시대에요. 여러 방향으로 땅을 넓혀가던 몽골의 공격을 고려 역시 피할 수는 없었지요. 1231년 침략한 몽골에 맞서 고려 사람들은 무려 30여 년이나 혹독한 전쟁을 치렀어요. 수도를 개경오늘날 개성에서 강화도로 옮기면서까지 저항을 계속했지만 결국 고려는 몽골에 항복하고 말았지요. 중국 대륙 전체를 차지하게 된 몽골은 나라 이름을 원元이라고 짓고 고려에 여러 가지 간섭을 일삼았는데, 이 시기를 우리는 보통 '원 간섭기'라고 불러요.

원의 간섭은 그치질 않고

전쟁이 끝난 후 원은 고려에 이것저것 요구하기 시작했어요. 일본을 공격하기로 한 원은 정동행성 征東行省이라는 관청을 만들고 전쟁에 필요한 군사들과 배를 내놓을 것을 강요했어요. 정동행성은 동쪽의 일본을 정벌하기 위한 관청이라는 뜻이지요.

원은 고려의 왕을 원의 공주와 결혼시켜 고려를 원의 사위 나라로 만들었어요. 고려 임금에게 붙이는 호칭에는 원나라에 충성을 다하라는 뜻으로 '충

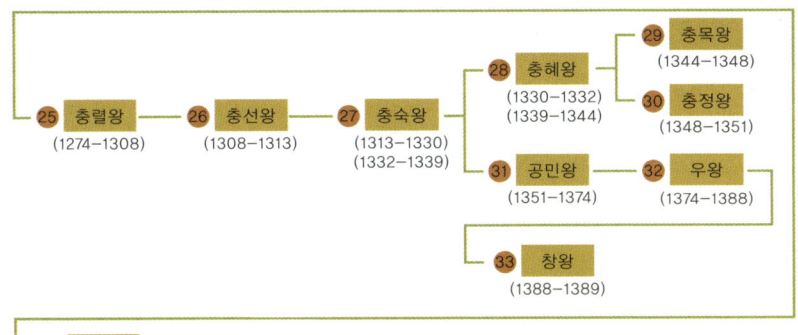

원 간섭기 이후 고려의 왕들

성 충[忠]'자를 붙여 충렬왕, 충숙왕 등으로 부르게 했어요. 고려의 왕은 원나라 황제의 눈치를 볼 수밖에 없는 처지가 된 거지요. 원은 고려의 왕을 마음대로 교체하기도 했어요. 충선왕, 충숙왕, 충혜왕은 원에 의해 왕위에서 물러났다가 다시 왕이 되어 각각 2번 왕위에 오르기도 했지요.

원은 자기 나라 관리를 고려에 파견하여 고려 정치에 사사건건 훼방을 놓았어요. 고려 국왕과 결혼한 공주를 시중들기 위해 함께 따라 온 원나라 사람들도 고려에서 관직과 땅을 하사받았고, 공주를 핑계로 고려 정치에 간섭하거나 백성을 수탈하는 일이 많았어요. 고려 안에서도 원과 친하게 지내며 나라와 백성보다는 자신의 이익만을 챙기려는 사람들이 나타나 권력을 잡게 되었지요.

원의 간섭은 여기서 그치지 않았어요. 원은 '공녀 貢女'라는 이름으로 고려의 여인들을 바치게 하고

금, 은, 인삼 등 특산물을 마구 거두어 갔는데 이 모든 것을 준비해야 했던 고려 백성들에게는 큰 부담이었어요. 유목민족으로 말을 타고 사냥하기를 좋아했던 몽골 사람들은 제주도에 목장을 설치해 말을 길러 바치게 하고, 사냥을 잘 하는 고려의 매를 바치게 했어요. 엄청난 수의 매를 요구하는 원의 명령을 감당하기 위해, 고려에서는 1275년 응방鷹坊이라는 전문 관청을 두어 매를 사육하고 훈련시키는 일을 담당하게 할 정도였지요.

그러자 응방을 통해 세력을 키워 백성들을 괴롭히는 사람도 등장했어요. '윤수'라는 사람이 대표적 인물이지요. 매사냥은 원나라 사람뿐만 아니라 충렬왕을 비롯한 고려의 지배층들도 좋아하는 놀이였기 때문에 응방에서 매를 기르던 윤수는 원과 고려의 높은 사람들과 가까이 지내며 권력을 가질 수 있었어요. 높은 벼슬에까지 올랐던 윤수의 횡포에 시달리던 사람들은 윤수를 짐승이라는 뜻의 금수禽獸라고 비꼬아 부를 정도였다고 해요.

몽골이 남긴 것

여러 비난을 받던 응방은 창왕 때에 폐지되었다가 고려 다음 나라인 조선에서 1395년 다시 부활했어요. 응방이 완전 폐지된 것은 조선 후기 숙종 때인 1712년이에요. 매사냥을 즐겼던 것은 조선 사람들도 마찬가지였나 봐요.

한편 원이 내부의 혼란한 정치상황으로 쇠퇴하게

되자 몽골에게 차별받았던 한족漢族, 중국 민족들이 원의 지배에 저항하며 일어났어요. 원은 다시 북쪽 초원으로 물러나게 되고 중국 대륙에는 한족 출신 주원장이 세운 명明이라는 나라가 등장했지요.

고려는 원의 간섭에서 벗어나게 되었지만 원이 남긴 흔적들은 여전히 남아 조선에까지 영향을 주었어요. 임금님의 밥상을 가리키는 말인 '수라상'. 왕이나 왕비 등 왕실 사람들을 부르던 '마마'라는 호칭. '장사치'나 '벼슬아치' 같이 '-치'라고 끝나는 말은 몽골의 영향을 받은 흔적이지요. 여성들이 예복을 입고 쓰던 모자인 족두리도 원의 모자 고고리에서 유래된 것이고요.

한편 공녀로 끌려간 여인처럼 원에 가게 된 고려 사람들을 통해 고려의 풍습도 원에 전해졌어요. 고려의 음식과 옷, 신발 등이 몽골 사회에 유행하게 된 것이지요.

오늘날 세계는 '지구촌'이라는 말처럼 교류와 소통을 통해 더욱 가까워졌어요. 피자, 쌀국수 같은 음식을 쉽게 먹을 수 있고 외국 드라마나 노래를 즐기는 일도 흔해요. 우리나라의 음식이나 가수, 드라마를 좋아하는 외국인들도 많아요. 이렇게 다양한 문화들이 만나 영향을 주고받으며 자기 고유의 문화를 더욱 풍부하고 다채롭게 만들어 갈 수 있어요. 고려와 몽골이 그랬던 것처럼 전쟁과 간섭이 아니라 서로의 문화를 존중하고 즐기는 평화적인 교류와 소통이 더 많아졌으면 좋겠어요.

24 호두

무얼 알아볼까요?

호두과자 좋아하시나요? 붕어빵에는 붕어가 없지만, 호두과자에는 호두가 들어 있지요. 요즘 건강식품으로도 즐겨먹는 호두, 무슨 뜻을 가진 이름일까요? 호두는 원래 '오랑캐의 복숭아'라는 뜻의 '호도胡桃'가 변한 말이에요. 발음을 하면서 '도'가 '두'로 바뀌는 경우 과거의 모음조화 현상이 현대국어에 이르면서 깨진 것이 종종 있어요. 앵도가 앵두가 되고 자도가 자두가 된 것도 같은 원리지요.

그런데 왜 호두가 오랑캐 복숭아일까요? 우리 이참에 호두의 유래에 대해서도 한 번 알아보고, 또 우리 문화 중에 오랑캐에게서 전래된 '호胡' 자가 들어가는 문화에는 어떤 것들이 있는지 살펴보도록 해요.

호두의 유래

호두는 중국 한(漢)나라 때 장건이 서역에서 들여온 것이라고 해요. 서역(오랑캐) 지역에서 들어온 것이라 오랑캐 호(胡)를 쓴 거지요. 이 호두가 우리나라에 오게 된 것은 고려 때 유청신이라는 사람이 원나라에 사신으로 갔다가 고향인 천안에 처음으로 심었다는 설이 있어요. 지금도 천안 광덕사에 가면 천연기념물로 지정된 엄청나게 큰 호두나무가 있지요. 그런데 초

광덕사 호두나무

기 철기 시대의 유적인 광주 신창동 저습지에서도 호두가 발견되고 신라시대의 민정문서에서도 동네마다 호두나무가 몇 그루인지 조사했던 것을 보면 원나라 때 처음 들어 온 것은 아닌 거 같아요. 그래도 지금 호두 하면 천안 호두가 유명하고 실제 우리나라에서 호두가 제일 많이 생산되는 곳도 천안이지요. 한 해에 6만kg가 생산된다고 해요.

천고마비(天高馬肥)를 아시나요?

이런 호두가 원래 오랑캐라고 여겼던 서역 사람들로부터 왔다는 게 신기하지 않은가요? 중국 사람들은 원래 농경민족으로 유목민족을 낮잡아 보았어요. 그래서 자신을 중화라 여기고 주변을 모두 오랑캐로 여겼죠. 동쪽 오랑캐를 동이(東夷), 서쪽 오랑캐를 서융(西戎), 남쪽 오랑캐를 남만(南蠻), 북쪽 오랑캐를 북적(北狄)으로 불렀어요. 이(夷)는 오랑캐라는 뜻이고, 융(戎)은 전쟁도구, 혹은 문명이 없는 병사, 만(蠻)은 벌레 혹은 뱀, 적(狄)은 개를 말해요.

우리나라를 동이족이라고 불렀는데 사실 동쪽 오랑캐라는 뜻이니까 그렇게 자랑스러운 말은 아닌 거 같아요.

아무튼 다른 민족을 낮잡아 부르는 중국을 보면 자신들이 얼마나 강하고 자신감이 넘치면 그럴까 하는 생각도 들고 주변 나라를 얼마나 무시했는지도 알 수 있어요. 이렇게 오랑캐를 무시했지만 동시에 무서워하기도 했어요. 이런 사실을 알 수 있는 사자성어가 천고마비에요.

하늘 천(天), 높을 고(高), 말 마(馬), 살찔 비(肥). '하늘은 높고 말은 살찐다.'라는 말이에요. 지금 '천고마비'는 풍요로움을 상징하는 가을을 나타내지만, 본래는 흉노의 침입을 경계하고자 나온 말이지요. 흉노는 중국 북쪽의 초원지대에 살고 있는 유목민족으로 초원이 얼어붙는 긴 겨울에 대비하기 위하여 봄, 여름에는 말들을 배불리 먹여 살찌우고 그 힘을 바탕으로 가을이면 수확이 끝난 농경 지대를 약탈하였어요. 쉽게 얘기하면 천고마비는 '아~ 가을이 참 좋다.', '올해도 풍성한 열매를 맺었다'라는 긍정적 의미보다는 '가을이 되었으니 유목민족들이 또 쳐들어오겠구나.'라는 의미를 지니고 있다고 할 수 있어요.

호떡집에 불이 난 이유

몽골 초원, 게르

오랑캐 호(胡)가 들어간 말 중에 대표적인 말이 또 있는데 그게 호떡이에요. 당연히 오랑캐 떡이라는 뜻이에요. 개항기 때부터 많은 중국인들이 우리나라에 들어왔고 자장면도 만들었지만 호떡집을 많이 했어요.

무슨 시끄러운 일이 있을 때 '호떡집에 불났냐'라는 말을 사용해요. 그런데 이 말이 아무 이유 없이 그냥 생긴 말이 아니에요. 이 말의 어원을 보면 실제로 호떡집에 불이 많이 나서 나온 말이에요. 일제 식민지 시기 우리나라에는 중국 사람들이 많이 살고 있었어요. 그 중국인들이 만든 떡이 호떡이고요. 이 호떡집은 냉면집이나 설렁탕집 보다 많다고 할 정도로 인기가 있었어요. 1931년 만주 장춘 근교의 만보산 삼성보에서 조선인 농민과 중국인 농민 사이에 수로 개설 문제를 둘러싸고 싸움이 일어났어요. 이 싸움에 조선인이 피해가 컸다고 신문에서 잘못 보도했는데 화난 우리 국민들이 우리나라에 있는 중국인 상점을 공격해 큰 피해가 발생했어요. 그중에서도 많은 호떡집이 실제로 불이 났어요. 피해 규모도 규모지만 사상자가 너무 많았어요. 사망자가 100명이 넘고 부상자도 상당히 많은 사건이었지요.

배타적 민족주의는 위험해

중국인들이 가장 자랑스러워하는 자신들의 나라는 당나라라고 해요. 국제적이고 화려한 문화를 꽃피웠기 때문이에요. 그런 문화가 된 것은 유목민족과 농경민족의 문화가 잘 조화됐기 때문이에요. 개방적이고 세계적인 문화가 만들어진 거지요. 로마가 세계적인 대제국이 된 것도 개방적인 시민권 부여 때문으로 보는 학자가 많아요. 오늘날 미국이 세계 최강의 나라인 것도 인종과 상관없이 세계 최고의 두뇌들이 미국으로 모여들기 때문이지요.

그런데 우리나라는 외국인에 대하여 너무나 배타적이에요. 90년 전 중국인들에게 했던 폭력만큼은 아니지만 가끔 뉴스에 나오는 외국인들을 대하는 우리의 모습을 보면 조금은 심한 것 아닌가 하는 생각이 들어요. 최근 한 지역의 조사에 의하면 외국인 노동자 10명 중 6명은 언어폭력 등 '차별'을 경험했고 임금체불도 여전한 것으로 조사되었어요. 우리나라에 머물러 있는 외국인의 숫자가 200만 명이 훨씬 넘고 인구 비율로 따져도 2018년 기준으로 4.6%나 돼요. 강대했던 나라들을 보면 모두 포용성이 뛰어나고 개방적이지요. 우리도 나라에 상관없이 다양한 사람들을 차별 없이 이해하고 더불어 살 수 있도록 노력해보아요.

무얼 알아볼까요?

화냥년

아빠 나 학교 가기 싫어.

왜? 무슨 일 있어?

우리 반 남자 애들이 욕을 너무 많이 해.

그 욕이 무슨 뜻인지 알면 그렇게 못 할 텐데.

오늘은 아빠가 역사적 의미가 있는 욕에 대해서 얘기해 줄게.

혹시, 화냥년이란 말을 들어 보았나요? 요즘은 많이 쓰지 않을 수도 있지만 예전엔 쉽게 들을 수 있었어요.

화냥년은 바람기가 있거나 몸을 함부로 굴리는 여성을 비하하는 단어에요. 화냥년에 대한 어원은 여러 가지가 있어요. 그 중에 창녀를 뜻하는 중국어 화낭(花娘)이란 말이 우리나라에 전래할 때 중국식 발음인 '화냥(huāniāng)'을 차용하였고 굳어진 것으로 보는 사람도 많이 있어요. 여기에서는 '고향으로 돌아온 여인'이란 뜻인 환향녀(還鄕女)에서 나온 말의 의미를 가지고 이야기해 볼게요. 이 말이 왜 욕이 됐는지 그 이유를 알아보도록 해요.

병자호란

병자호란이란 '병자년에 오랑캐가 일으킨 난동'이란 뜻이에요. 1636년 12월 우리가 예전에 오랑캐라고 무시했던 만주족(여진족)이 황제를 칭하고 우리를 공격해 왔어요. 이미 10여 년 전인 정묘년(1627년)에도 우리를 공격해 왔었죠. 그 때 만주족이 세운 나라 이름은 후금이었어요.

우리 조선은 왕인 인조가 기병 위주의 북방유목민족인 후금이 바다를 건너야 하는 강화도는 공격이 쉽지 않을 거라고 생각하여 강화도에 갔어요. 결국은 후금과 형제관계를 맺게 되고요.

 그때는 후금이 아직 세력이 약해 황제국이라고 하지는 않았어요. 시간이 흘러 어느 정도 세력을 모은 홍타이지는 1636년 4월에 황제 즉위식을 해요. 그때 마침 후금의 수도인 심양에 와 있던 조선 사신 2명에게 황제의 예인 삼궤구고두례세 번 절하고 아홉 번 머리를 조아림를 하라고 했으나 사신들은 이를 목숨 걸고 거부했지요.

청의 군사력

 이후 홍타이지는 12월에 직접 군사를 이끌고 조선을 공격했어요. 이때 온 청나라 군인의 숫자는 12만 8천명이라고 많이들 얘기했는데 최근의 연구에 의하면 34,000명 정도라고 해요. 이 숫자도 정말 엄청나게 많은 것이었지요. 청은 당대 최고의 군사들이었는데 청나라 기마병 10명이 조선군 기병 300명을 가볍게 무찌를 정도였어요.

 병자호란 당시 경기도 광주에서 쌍령 전투가 있었는데 청군 수백 명 정도에 조선군 1만 명 중 3000명이나 죽는 참패를 당할 정도였어요. 그리고 청은 말 타는 기병만 있던 것이 아니에요. 무시무시한 화포인 홍이포를 가지고 왔어요. 홍이포는 '붉은 머리를 한 오랑캐의

홍이포

대포'란 뜻으로 네덜란드의 대포였어요. 이것을 청도 갖고 있던 거예요. 당시 최고로 큰 대포로 사거리포탄이 발사되어 도달할 수 있는 곳까지의 거리가 9km나 되었고 유효 사거리도 2.8km나 되었어요. 실제 남한산성을 공격할 때 쓰였고 강화도 점령에도 사용되었어요.

남한산성

정묘호란 때 후금은 내려오면서 성을 하나씩 공격했어요. 하지만 병자호란 때는 성을 공격하지 않고 바로 서울로 왔어요. 얼마나 빨리 왔냐면 청의 선봉대 300명은 12월 8일 출발했는데 서울에 6일 만인 14일 도착했어요. 압록강에서 서울까지 자동차도 없는데 이렇게나 빨리 온 거예요. 그래서 조선의 왕인 인조는 강화도로 가지 못하고 남한산성으로 들어가게 되었지요.

지금 남한산성은 유네스코 세계문화유산으로 지정된 우리나라의 자랑이지만 사실 역사적으로 굉장히 슬픈 곳이에요. 청의 무자비한 공격을 받았고 47일간 왕과 재상, 신하들, 군인들이 매서운 추위에 고생을 했거든요.

삼궤구고두례

조선의 왕은 항복을 하면서 많은 굴욕을 당했어요. 왕의 옷인 용포를 입지 못하고 쪽색 옷을 입었어요. 그리고 산성의 정문인 남문이 아닌 서문을 이용해서 나오게 되지요. 그것은 왕이 아니라 신하의 예를 갖추라는 의미였어요.

마지막 하이라이트는 삼궤구고두라는 황제께 올리는 최고의 예를 하도록 한 거예요. 나라를 빼앗기지 않고 조선이 그대로 유지된 것이 그나마 다행인 일이었지요. 이후 청의 황제 홍타이지는 빠르게 귀국했어요. 왜 그렇게 서둘렀을까요?

남한산성 서문 우익문

천연두

그것은 당시엔 걸리면 거의 치료가 불가능한 천연두가 발생했기 때문이에요. 천연두가 아니었으면 조선은 어떻게 됐을지 장담하기 어려웠을 거라고 해요. 예전에는 병자호란을 얘기하면 포로로 끌려간 숫자가 50만 명은 될 거라는 이야기를 하는데 최근의 연구를 보면 그렇지는 않을 거라고 해요. 청군이 내려올 때도 약탈할 기회가 거의 없었고 돌아갈 때도 우리 왕세자인 소현세자가 함께 가며 '포로 사냥'을 금지했기 때문이지요. 잡은 포로도 발견하면 풀어 주게 했다고 하고요.

게다가 50만 명이 청의 수도인 심양까지 가려면 70~80일 정도 걸리는데 그들을 먹일 양식도 없었어요. 당시 청은 병자년에 흉년까지 겹쳤고요. 그래도 수만 명은 끌려갔지요.

환향녀, 호로자식의 뜻을 안다면?

그렇게 끌려갔던 여자들 중 고향에 돌아온 여자가 돌아올 '환還' 시골 '향鄕' 여자 '녀女'이에요. 그 여자 중 임신한 여자가 낳은 아이가 호로자식 이구요. 그 여자들이 청에 가고 싶은 것이 아니었잖아요. 나라가 무능해서 고통당한 거지요.

당시 남자들은 이렇게 돌아온 여자들이 몸을 더럽혔다는 이유로 이혼을 원했어요. 고향에 돌아온 여자들은 이혼을 당하지는 않았지만, 남편에게 외면당한 경우가 많았고 자결한 경우도 많았어요.

이런 슬픈 사연을 담고 있는 말이 몸을 함부로 굴리는 여자라는 뜻인 화냥년이란 욕으로 쓰이고, 애비도 누군지 모르는 몹쓸 놈이란 뜻인 호로자식(호로새끼, 후레자식)으로 쓰이는 것은 정말 가슴 아픈 일이에요. 여러분은 이제 이런 단어는 쓰지 않겠지요?

참고문헌

문헌자료

강준만, 한국 현대사 산책 1940년대편 2, 인물과사상사, 2006
강준만, 한국 현대사 산책 1970년대편 1, 인물과사상사, 2002
강준만, 한국 현대사 산책 1980년대편 1, 인물과사상사, 2003
강준만, 한국근대사 산책 7, 인물과사상사, 2008
강준만, 현국현대사 산책 1960년대편 2, 인물과사상사, 2004
고태경, 대한국민 현대사,, 푸른숲, 2013
구범진, 병자호란, 홍타이지의 전쟁, 까치, 2019
김돈, 뿌리 깊은 한국사 샘이 깊은 이야기 4(조선 전기), 가람기획, 2014
김영훈, 단어로 읽는 5분 한국사, 글담, 2018
김태웅, 뿌리 깊은 한국사 샘이 깊은 이야기 6(근대), 가람기획, 2013
민족문제연구소, 군함도, 끝나지 않은 전쟁, 생각정원, 2017
박한제, 대당제국과 그 유산, 세창출판사, 2015
부산발전연구원, 부산의 음식-생성과 변화, 2010
서중석, 사진과 그림으로 보는 한국 현대사, 웅진지식하우스, 2005
성석제, 소풍, 창비, 2006
원창예 외, 조선 최정예 군대의 탄생, 한국학중앙연구원 출판부, 2017
윤덕노, 음식으로 읽는 한국 생활사, 깊은나무, 2014
이강칠, 한국의 화포, 육군박물관, 1977
이만열, 고려경원이씨가문의 전개과정, 한국학보 21, 1980
이성우, 고려 이전 한국식생활사연구, 향문사, 1978

이윤옥 외, 사쿠라 훈민정음 : 국어사전 속 숨은 일본말 찾기,
　　　　인물과사상사, 2010
이이화, 이이화의 인물한국사, 주니어김영사, 2013
이이화, 한국사 이야기 9, 한길사, 2000
이재운 외, 우리말 1000가지, 예담, 2008
이준식 외, 한국근대사 2, 한국역사연구회시대사총서 8, 푸른역사, 2016
이태진, 한국병합 성립하지 않았다, 태학사, 2001
이해준 외, 조선시대사 2, 한국역사연구회시대사총서 6, 푸른역사, 2015
전우용, 우리 역사는 깊다 2, 푸른역사, 2015
편사회 엮음, 우리 역사 질문 있어요, 동방미디어, 2001
한영우, 다시 찾는 우리역사, 경세원, 2004
한홍구, 대한민국사 2, 한겨레출판, 2013

사료

고려사

고려사절요

조선왕조실록

참고문헌

인터넷 자료

e뮤지엄	http://www.emuseum.go.kr
국가문화유산포털	http://www.heritage.go.kr
국립중앙박물관	http://www.museum.go.kr
국사편찬위원회 신편한국사	http://db.history.go.kr/item/level.do?itemId=nh
네이버 국어사전	https://ko.dict.naver.com
문화재청	http://www.cha.go.kr
문화콘텐츠닷컴	http://www.culturecontent.com
성공회대학교 민주자료관	http://demos-archives.or.kr
역주조선왕조실록	http://waks.aks.ac.kr/rsh/?rshID=AKS-2013-CKD-1240001
우리역사넷	http://contents.history.go.kr/front
한국민족문화대백과사전	http://encykorea.aks.ac.kr
한국역대인물정보종합시스템	http://people.aks.ac.kr/index.aks

언론 기사

[손진호 어문기자의 말글 나들이] 사바사바, 동아일보, http://www.donga.com/news/article/all/20140515/63483479/1

[이기환의 흔적의 역사] 닭의 항변, "닭대가리를 모독하지 마라", 경향신문, http://news.khan.co.kr/kh_news/khan_art_view.html?art_id=201701041255001

'사바사바' 일본강점기의 잔재물, 경남매일, http://www.gnmaeil.com/news/articleView.html?idxno=325293

'옥류관 요리사'가 말하는 평양냉면 숨겨진 맛 비결, 한겨레신문, http://www.hani.co.kr/arti/culture/culture_general/839551.html

1인5역 광부 이야기, 프레시안, http://www.pressian.com/news/article/?no=140459

미식가 허균이 전하는 조선의 맛, 한겨레21, http://h21.hani.co.kr/arti/special/special_general/47600.html

생활속의 불교용어 – 야단법석, 불교신문, http://www.ibulgyo.com/news/articleView.html?idxno=13487

조선 시대 꿈의 벼슬! '평안 감사', YTN, https://www.ytn.co.kr/_sp/1222_201807021020585558

참고문헌

사진출처

개판 5분전, 40계단, 이용 제공

꿩 대신 닭, 월야선유도.jpg, 위키미디어 커먼즈

땡전, 흥선대원군 초상, 경복궁 근정전 , 국가문화유산포털

막장, 군함도.jpg, pixabay.com

보릿고개, 경성 동양척식주식회사.jpg , 국립민속박물관

보릿고개, 군산 항구.jpg , 국립민속박물관

사바사바, 미군 진주.png, 위키미디어 커먼즈

샌님, 함경도 과거시험장, 조기영 홍패, 백패, 국립중앙박물관

시치미, 칭기즈칸 화폐

우골탑, 조선민립대학기성회창립총회기념, 위키미디어 커먼즈

우골탑, 경성제국대학 예과교사, 위키미디어 커먼즈

을씨년, 고종 황제 사진 , 국립고궁박물관

을씨년, 덕수궁 중명전 , 국가문화유산포털

이판사판, 참선.jpg

함흥차사, 이성계.jpg, 위키미디어 커먼즈

호두, 광덕사 호두나무.jpg, 장득진

호두, 몽골 게르.jpg, 임찬웅

호두, 몽골 초원.jpg, 임찬웅

흥청망청, 연산군 묘, 경회루, 국가문화유산포털

화냥년, 남한산성 서문 우익문.jpg, 임찬웅

화냥년, 홍이포.jpg, 임찬웅

발행일 2020년 3월 6일
도서명 단어에 숨은 역사
저 자 명재림 외
발행인 서정범
발행처 ㈜가치산책컴퍼니 **등록번호** 제2020-000031호
에디터 김정현
삽 화 김혜지, 이지호
조판 및 디자인 배성주
주소 서울시 강남구 강남대로 116길 28 B1
전화 02-6489-7795
팩스 02-6499-3533
주문·공급 010-6690-7795

ISBN 979-11-969712-3-6
가격 12,000원

史庫 는 가치산책컴퍼니의 임프린트입니다.

이 책은 저작권법에 따라 보호받는 저작물이므로 무단 복제와 무단 전재를 금지하며, 이 책 내용의 전부 또는 일부를 이용하려면 반드시 저작권자와 ㈜가치산책컴퍼니의 서면 동의를 받아야 합니다.